Karl der Große

rowohlts monographien
begründet von Kurt Kusenberg
herausgegeben von Wolfgang Müller
und Uwe Naumann

Karl der Große

Dargestellt von Dieter Hägermann

Rowohlt Taschenbuch Verlag

Umschlagvorderseite: Karl der Große.
Gemälde von Albrecht Dürer, 1512 (Ausschnitt)
Umschlagrückseite: «Solidus» Karls des Großen.
Goldmünze aus der Prägestätte Arles, zwischen
812 und 814, ein Fund von 1996 im Gelände
der Kaiserpfalz Ingelheim
«Karlsbüste». Von Kaiser Karl IV. gestiftetes Büstenreliquiar
Karls des Großen, nach 1349. Silber, getrieben, teilweise vergoldet

Seite 3: Metzer Reiterstatuette Karls des Großen, wohl 870

Originalausgabe
Veröffentlicht im Rowohlt Taschenbuch Verlag,
Reinbek bei Hamburg, Oktober 2003

Dieser Band ersetzt die 1972 erschienene
Karl-der-Große-Monographie von Wolfgang Braunfels
Umschlaggestaltung any.way, Hamburg
Redaktionsassistenz Katrin Finkemeier
Reihentypografie Daniel Sauthoff
Layout Gabriele Boekholt
Satz PE Proforma *und* Foundry Sans *PostScript,*
QuarkXPress 4.11
Gesamtherstellung Clausen & Bosse, Leck
Printed in Germany
ISBN 3 499 50653 X

Die Schreibweise entspricht den Regeln
der neuen Rechtschreibung.

INHALT

Karl der Große. Spätromanische Skulptur in St. Johann in Müstair (Schweiz), Ausschnitt

Die Person

Als der fünfjährige Karl um die Jahreswende 753/54 Papst Stephan II. am Fuß des nördlichen Alpenkamms, vielleicht im berühmten burgundischen Kloster Saint Maurice d'Agaune im schweizerischen Wallis einholte, um ihn ins Zentrum des Frankenreiches zu seinem Vater, König Pippin III., in die Pfalz Ponthion (Champagne) zu führen, brach ein neues Zeitalter an, das die politische Landkarte Europas innerhalb weniger Jahrzehnte nachhaltig verändern sollte. Europa, damals allenfalls geographisch als dritter Erdteil vertraut, sollte in den kommenden Jahrhunderten in einem langwierigen Prozess seinen eigenen Weg finden und bestimmte Verhaltensmuster ausformen.

Die Begegnung zwischen Königssohn und römischem Pontifex steht symbolisch für eine Symbiose zwischen weltlicher und geistlicher Macht am Aufgang des karolingischen Zeitalters. Wenige Jahre vor der Alpenüberquerung des Papstes, 751, hatte sich Karls Vater Pippin, damals noch «Fürst» und Hausmaier, mit Hilfe eines wahrhaft rechtschöpferischen Votums von Stephans II. Vorgänger Zacharias der noch verbliebenen Angehörigen der angestammten fränkischen Herrscherdynastie, der Merowinger, entledigt und im Bündnis mit den Großen des Reiches, Adel und Kirche, die Würde des fränkischen Königs übernommen. Die Dynastie der Merowinger hatte seit den Tagen Chlodwigs I. († 511) das Frankenreich zu einer stabilen politischen Größe zusammengefügt.

Noch Karls Biograph, der Mainfranke Einhart, der in den späten zwanziger Jahren des 9. Jahrhunderts die Lebensgeschichte seines Helden aufzeichnete, versäumte nicht, ein Zerrbild des späten merowingischen Königtums vorzuführen, um das Revolutionäre des politischen Handelns, das im Verlassen des angestammten Königsgeschlechtes lag, zu kaschieren. Immerhin hatte es bei diesem Schritt des Spruchs der höchsten geistlichen Autorität, des römischen Papsttums, bedurft – eine Hilfe, die dauerhaft und bewusst die neue Königsdynastie an Rom und kirchliche Interessen band, ja fesselte und zugleich Italien in das politische Zentrum rückte.

Vor aller Augen erwies jetzt der fränkische König dem Stellvertreter Christi auf Erden die höchste Ehrerbietung, wenn er ihn durch einen seiner beiden Söhne, den ältesten zumal, feierlich einholen und geleiten ließ – ein Erlebnis, das gewiss auf Karls nachmalige politische Vita und auf seine religiöse Grundierung von größtem Einfluss sein musste.

Mit dem feierlichen Empfang des Papstes erschöpfen sich für uns Nachgeborene fast schon die Kenntnisse zur Kindheit und Jugend Karls. Selbst den Zeitgenossen war das Jahr seiner Geburt – 748 – ungewiss, auch für Einhart, seinen Biographen, verlieren sich die ersten Jahrzehnte seines Helden im Dunkel der Geschichte. Erst mit dem Jahr 768 – dem Tod König Pippins und der doppelten Thronbesetzung seiner Söhne Karl und Karlmann – hellt sich dieses Dunkel ein wenig auf.

Einhart
* Um 770, † wohl März 840, aus mainfränkischem Geschlecht stammend, in Fulda erzogen, dort 781/83 als Urkundenschreiber nachzuweisen. Wohl seit 794 am Hofe Karls, Mitglied der von Alkuin gegründeten Hofschule, deren Leiter er bereits 796 mit dem Abgang Alkuins als Abt nach Tours wurde. Klein von Gestalt, ausgestattet mit überragenden Geistes- und Organisationsgaben, unterstanden ihm die Aachener Werkstätten, auch erprobt in heiklen politischen Gesandtschaften Karls. Überstand den Machtwechsel 814, konzentrierte wichtige Königsabteien in seiner Hand und stiftete selbst als Laie mit seiner Ehefrau Imma Kirchen in Michelstadt (Steinbach) und Mühlheim («Seligenstadt»). Bleibenden Autorenruhm erwarb er mit seiner als Denkmal konzipierten Karlsbiographie.

Sieht man ab von einer beachtlichen Anzahl Briefe an und von Karl, von mehr als einhundert Urkunden, zahlreichen Erlassen, so genannte Capitularien, die der eigentlichen Herrschertätigkeit Karls Konturen verleihen, so steht uns eine gewissermaßen öffiziöse Geschichtsschreibung zu Gebote, die vom Königshof zumindest inspiriert, seit etwa 790 in Form der so genannten Reichsannalen die Zeitläufte dokumentiert, aber auch Ausdruck der «voice of the elite» (Rosamond McKitterick) ist. Diese Annalen, die mit dem Tod von Karls gleichnamigem Großvater mit dem Beinamen Martell, der Hammer, im Jahr 741 einsetzen und mit dem Jahr 829 enden und vermutlich im Königskloster Lorsch entstanden sind, erfuhren gegen 812 in den damals vorliegenden Teilen eine sprachliche Glättung und inhaltliche Erweiterung. Ergänzt wird dieses Annalenwerk durch kleinere Geschichtswerke, deren Bindung an den Hof und dessen Interessen, die zugleich das Verschweigen von Kritik und Niederlagen mit sich brachten, nicht in gleichem Maße eng ist.

Für das alpenübergreifende Bündnis zwischen Papst und König wichtig ist der «Liber Pontificalis», das seit spätantiken Zeiten mit Lücken geführte «Papstbuch», das die handelnden Personen aus römischer Sicht beleuchtet und in den Teilbiographien der Päpste Hadrian I. (772–795) und Leo III. (795–816) zumeist zeitgenössisch ist. Aus der Perspektive von Byzanz, der zweiten christlichen Macht am Bosporus und Träger des Kaisertums, ist der Chronist Theophanes zu erwähnen, der den Franken und ihrer Politik mit dem Hochmut des zivilisierten Griechen den westlichen Barbaren gegenübertritt.

Liegt mit diesen annalistischen, den Jahresabläufen folgenden Werken eine Art von Steinbruch verwertbarer Nachrichten vor, aus denen die Abfolge der wesentlichen Ereignisse und Hinweise auf die handelnden Personen gewonnen werden können, so schafft Einharts Karlsvita in Anlage und Ausführung ein einzigartiges Monument einer mittelalterlichen Herrscherpersönlichkeit – für Sohn und Enkel ein Königsspiegel in bedrängten Zeiten. Der Nachruhm Karls, ja sein Mythos heftet sich an die Fersen dieses Autors. In mehr als 120 Handschriften fand sein Werk während des Mittelalters Verbreitung, der Kölner Erstdruck von 1521 schlug im Frontispiz den Bogen zu Karl V., seinem einzigen Nachfolger in Machtradius und weltgeschichtlicher Bedeutung.[1]

Karl der Große und Karl V.
Titelblatt der Erstausgabe von
Einharts Karlsvita, Köln 1521

Entstanden wohl Ende der zwanziger Jahre des 9. Jahrhunderts in engem Kontakt zur Herrscherfamilie, war der Autor zwar Personen und Ereignissen noch zeitnah genug und damit vor der Versuchung gefeit, grobe Verfälschungen zu begehen und sein Publikum plump zu täuschen, aber seine innere Disposition verhinderte die Wiedergabe von Zweifeln und Kritik. Eine verehrende Haltung führt seinen Federkiel, Nacht- und Schattenseiten Karls bleiben ausgespart. Dies gilt erst recht für Gelegenheitspoeten wie Angilbert von Saint-Riquier oder Theodulf von Orléans, meist auch für den Angelsachsen und engagierten Briefschreiber Alkuin, der gelegentlich Widerspruch wagt, etwa an den kruden Bekehrungsmethoden der Sachsen oder an unsinnigen Kriegszügen ins langobardische Benevent. Insgesamt ist das Bild des Herrschers in strahlendes bis mildes Licht getaucht, staatsmännisch ausgeleuchtet. Einhart orientierte sich im Gegensatz zu seinen Zeitgenossen und Nachfolgern für Jahrhunderte bei seinem biographischen Versuch an einem antiken Geschichtswerk, den Caesarenviten Suetons, verfasst zu Beginn des zweiten nachchristlichen Jahrhunderts als Porträtgalerie der römischen «Kaiser» von Caesar bis Domitian († 96). Mittelalterliche Autoren folgten sonst entweder fromm-erbaulichen Heiligenleben als Vorlage nach Art der Vita des fränkischen Nationalheiligen Martin (von Tours) oder verfassten ausgewählte Tatenberichte («gesta») in Jahresringen abgesetzt.

Mit Einharts Biographie gehen Lebenswerk und literarischer Nachruhm Karls bereits ein Jahrzehnt nach seinem Tod eine untrennbare Symbiose ein. Was ist Wahrheit, was ist Legende? So muss jede Generation auf der Suche nach der Ranke'schen Quintessenz «wie es eigentlich gewesen ist» erneut die Quellen befragen und aus der Gesamtschau des Materials sich ihr Bild Karls des Großen neu erschaffen.

Von Karls Kindheit und Jugend wissen wir so gut wie nichts, weniges nur über seine Erziehung und Bildung. So sprach er außer Fränkisch und Romanisch fließend Latein und verstand gar Griechisch. Zu seiner bevorzugten Lektüre zählten die Werke Augustins, des großen Kirchenvaters. Sein Interesse galt der Astronomie, zugleich Astrologie, der Zeitrechnung, dem Computus, Fragen des Kalenders, aber auch der fränkischen Überlieferung von Heldensagen und Liedern aus grauer Vorzeit als volkstümliche Grundlage seiner Königsherrschaft.

Dank Einhart und seiner Anlehnung an sein antikes Vorbild verfügen wir aber – im Gegensatz zu fast allen mittelalterlichen Herrschern – über eine detaillierte Beschreibung von Karls Äußerem, die dem Porträtierten nicht nur schmeichelt: «Von Gestalt war er stattlich und kräftig, von hoher Statur, die gleichwohl das rechte Maß nicht überstieg; es steht fest, dass er sieben Fuß maß [ein Fuß sind etwa 25 bis 30 Zentimeter]; er hatte einen runden Kopf, sehr große und lebhafte Augen, die Nase war etwas zu groß geraten, schöne graue Haare, ein heiteres und offenes Gesicht. So gab er, ob er stand oder saß, immer einen starken Eindruck von Autorität und Würde. Obwohl sein Nacken dick und etwas kurz geraten war und sein Bauch etwas hervortrat, verhüllte dies nicht das Ebenmaß seiner Glieder. Er hatte ein festes Auftreten und eine durchaus männliche Haltung; seine Stimme war klar, freilich entsprach sie nicht seiner Gestalt. Mit ausgezeichneter Gesundheit ausgestattet, wurde er erst in den letzten Jahren seines Lebens häufig von Fieberanfällen ergriffen und zog am Ende seiner Tage einen Fuß nach.» (E. Kap. 22)

Karls Kleidung
Die Kleidung, die er trug, war die seiner Väter, nämlich fränkische. Auf dem Leib trug er ein leinenes Hemd und leinene Unterhosen; darüber ein Wams, das mit seidenen Streifen besetzt war, und Hosen; sodann bedeckte er seine Beine mit Binden und die Füße mit Schuhen und schützte mit einem aus Fischotter- und Zobelpelz verfertigten Rock im Winter Schultern und Brust; dazu trug er einen blauen Mantel und stets ein Schwert, dessen Griff und Gehenk von Gold und Silber war.
Einhart: Vita Karoli, Kap. 23

Zu dieser imposanten Gestalt mit Stiernacken und Embonpoint fügt sich passend die Mitteilung unseres Gewährsmannes, dass Karl weder dem Fasten (als vor allem religiöser Übung) zugetan war noch bereit, angesichts seiner Gicht, dem Wohlstandsleiden der Reichen und Mächtigen, an seiner täglichen Tafel Gebratenes auf Anraten der Ärzte gegen Gesottenes auszuwechseln. Alkohol aber, zumal übermäßiger Weingenuss, erregte seinen Abscheu. Dem durchaus lebensfrohen Genießen entsprach sein Bedürfnis nach Geselligkeit; so pflegte er mit seinem Gefolge in seinen späteren Jahren die Aachener warmen Bäder aufzusuchen, die wesentlich zur Wahl dieses Pfalzortes als Residenz beigetragen hatten. Das gemeinsame Bad konnte zugleich als Auszeichnung für Berater und Freunde verstanden werden. Man hat Karl zu Recht als «Genie der Freundschaft» (Josef Fleckenstein) bezeichnet. So wusste er bedeutende Köpfe aus aller Herren Länder an sich zu ziehen. Der Hof, die Schule, die Schreiber und Notare, die Ärzte, die Leiter der Bauhütte und der Werkstätten, alle fanden sich in Zuspruch und Kritik um den Herrscher versammelt, Sottisen und heitere Verse wurden ausgetauscht, ja man nannte sich nach bedeutenden Persönlichkeiten des Altertums und des Alten Testaments mit einschlägigen Spitznamen: Angilbert war Homer, Alkuin Flaccus (Horaz), Einhart Beseleel nach dem Leiter der Stiftshütte und Karl selbst fungierte als David – eine Maskerade mit durchaus tieferem Sinn! Auch Karls Verzicht auf ein Hofzeremoniell nach Art des Basileus oder gar des Kalifen, die relative Schlichtheit und «Volkstümlichkeit» seiner Kleidung betonten Nähe, nicht Distanz zu den Seinen.

Pfalz
Abgeleitet vom lateinischen «palatium», das sich ursprünglich auf einen der römischen Hügel, den Palatin, bezieht, bezeichnet um 800 die Regierungsstätte eines Amtsträgers, vor allem des Königs, der die Pfalz als zeitweilige Residenz nutzt. Pfalzen sind durch ein geräumiges palatium, woraus sich später Palas, Palais und Palast herleiten, einen stattlichen Saalbau oder eine Halle für öffentliche Auftritte, Audienzen und Versammlungen ausgezeichnet, dazu treten Wohngebäude (mit beheizbaren Kemenaten für die Königin und ihre Damen), Stallungen, Werkstätten, Waffenkammern und Tiergehege, versorgt von Wirtschaftshöfen und Forsten zur Jagd.

Zu dieser bewusst engen Symbiose mit seiner Umgebung zählte auch Karls Vertrautheit mit seinen Kindern, den Töchtern zumal, vielleicht auch mit den Enkelinnen, den fünf weiblichen

Alkuin
* Um 730 in Northumbrien, † 19. Mai 804 in Tours. Erzogen in einer der damals bedeutenden Bildungsstätten Europas, in der Kathedralkirche von York; seit 766 deren Leiter. Zusammentreffen mit Karl 781 in Parma, seither enge Kontakte zum fränkischen Königshof. Nach 793 Leiter der nach dem Ausbau Aachens zur Residenz und zum Zentrum von Reform und «Renovatio» entwickelten Hofschule. Zahlreiche theologische Werke, Revision der Vollbibel, Gedichte, arithmetische Scherzfragen. Seit 796 Abt von St. Martin in Tours, umfangreicher und instruktiver Briefwechsel mit Karl und bedeutenden Zeitgenossen.

Nachkommen seines 810 verstorbenen Sohnes Pippin, des Königs von Italien. Der Herrscher war nach moderner Diktion das Muster eines «Familientiers». Nach Einhart wollte Karl keinesfalls der «Zeltgemeinschaft» seiner Töchter entbehren und sträubte sich gegen ihre Vermählung, sei es mit dem byzantinischen Kaisersohn oder einem Nachkommen König Offas von Mercien. Folge war, dass die «königlichen Tauben» durch den Palast schwirrten und mit Höflingen informelle Liebesverhältnisse eingingen. Berta verband sich mit dem Diplomaten, Dichter und Laienabt von St. Riquier, Angilbert. Aus dieser Alliance gingen Hardnit und Nithard hervor, Letzterer ein bedeutender Historiker. Rotrud gebar ihrem Liebhaber Rorico, einem mächtigen Adelsgeschlecht im französischen Dukat Maine zugehörig, einen Sohn namens Ludwig, der unter Karl dem Kahlen, einem Enkel des Kaisers, eine bedeutende Karriere machen sollte. Weitere Töchter, allesamt traditionell im Spinnen und Weben geübt, gleichsam als Vorbereitung auf den eigenen Hausstand, und wie die Söhne im Kämpfen und Reiten trainiert, nahmen nach dem Tod des Vaters den Schleier. Man wird Einharts naiver Anmerkung mit Misstrauen begegnen, dass es allein Karls emotionale Vaterbindung an seine Töchter gewesen sei, die eine Verheiratung ausgeschlossen hätte; tatsächlich dürfte es seine Sorge vor der konkurrierenden Macht der potenziellen Schwiegersöhne gewesen sein, die ein Ausfliegen der «Täubchen» verhinderte. Es sind ganz offensichtlich die befürchteten politischen Implikationen, die eine derartige Libertinage als notwendiges Ventil zur sonst allein möglichen Verheiratung der weiblichen Nachkommenschaft im Schatten des mächtigen Vaters zuließen.[2] Die männliche Nachkommenschaft führte Karl an straffem Zügel – als Vater, Kaiser und König. Die ältesten Söhne aus dritter Ehe, Karl und Pippin, erwiesen sich als tüchtige Heerführer; dass ausgerechnet der frömmelnde Ludwig seine Brüder als alleiniger Anwärter auf die Herrschaft überlebt hat, dürfte Karl das Ende noch schwerer gemacht haben.

Wir kennen nicht weniger als achtzehn Kinder Karls namentlich – geboren in fünf Ehen und in nicht wenigen Konkubinaten. Von Polygamie kann freilich nicht die Rede sein, jedenfalls war der König keinesfalls gleichzeitig mit mehreren Frauen verheiratet. Die Mehrehe ist der fränkischen Gesellschaft und ihrem Recht

Oberitalienische Buchmalerei vom Beginn des 9. Jahrhunderts, als Karl der Große und eine seiner Gemahlinnen gedeutet

fremd. Es gibt stets nur eine Hausfrau aus rechter dotierter Ehe. Zweifellos zog das schöne Geschlecht den Herrscher an, und Karl bewahrte ihm seine Gunst bis ins Alter hinein. Wesentlichen Einfluss auf politische Entscheidungen dürften die Ehefrauen nicht gewonnen haben, auch wenn spätere Anekdoten davon zu berichten wissen. Karls Eheschließungen selbst sind gewiss Teil seiner wohldurchdachten Versöhnungs- und Bündnispolitik. Himiltrud, die vielleicht den schönsten Namen trägt, die Mutter des nachmalig als bucklig bezeichneten Pippin, vermutlich alemannischer Herkunft, wurde gegen scharfen päpstlichen Protest aus politischen Gründen um 770 gegen eine Langobardenprinzessin «eingetauscht». Diese wurde nach Ablauf eines Jahres ihrem Vater Desiderius zurückgegeben, und erst die dritte Ehe des Herrschers mit der damals etwa zwölfjährigen Alemannin Hildegard im Sommer 771 war von relativer Dauer und endete 783 im tödlichen Kindbett, tief betrauert von Karl. Mit ihr, wie vermutlich schon mit Himiltrud, suchte Karl auch und vor allem die Großen des 746 dem Frankenreich unterworfenen Herzogtums Alemannien an sich zu binden und zugleich eine Brücke zu den bayerischen Agilolfingern zu schlagen, zu deren Verwandtschaft Hildegard zählte. Diese Königin, später gar als Heilige verehrt, ist die wahre Stammmutter der Karolinger: Von ihren neun Kindern in zwölf Ehejahren überlebten zunächst jeweils drei Söhne und drei Töchter: Karl, Pippin (Karlmann) und Ludwig sowie Gisela, Rotrud und Berta. Nach dem Tod Hildegards 783 begab sich der König, vielleicht wegen des doppelt verwaisten Haushaltes, erneut auf Brautschau. Karl wählte die adlige Fastrada, wohl um die Mächtigen der Rhein-Main-Region bis Thüringen dauerhaft an sich zu fesseln. Fastrada, der Karls einziger, sehr persönlich abgefasster «Feldpostbrief» vom Awarenfeldzug 791 gewidmet war, kränkelte offenbar zunehmend und litt an schmerzhafter Karies. Sie starb 794; sie hinterließ zwei Töchter, Hiltrud und Theodrada. Begraben wurde sie in St. Alban bei Mainz, nicht in St. Arnulf bei Metz wie ihre Vorgängerin. Einhart widmet ihr ein wenig gutes Gedenken; sie habe den König, der zur Milde neigte, mehrfach zu bösem und hartem Tun verleitet – vermutlich vor allem als Reaktion auf den so genannten Hartrataufstand von 786 und die Verschwörung Pippins des Buckligen 792/93. Bereits zu Fastradas Lebzeiten gebar eine Konkubine dem König eine weitere Tochter; nach dem Tod seiner letzten Gemahlin Liutgard scheute der König offensichtlich eine abermalige Verehelichung. Sein Reich war gefestigt. So ist auch die von Höflingen ob ihrer Anmut und Klugheit umschwärmte Liutgard wohl zunächst als Favoritin des Königs einzuschätzen, die Karl

Karl der Große, Karlmann (Pippin), König von Italien, und ein Schreiber. Buchmalerei, 991, Kopie nach den «Leges barbarorum» des Lupus von Ferrières, Fulda, 829 – 832

erst ehelichte, als Papst Leo III. 799 seinen Besuch jenseits der Alpen ankündigte und die Schicklichkeit eine Klärung der Verhältnisse vor dem Paderborner Treffen nahe legte. Liutgard starb bereits im folgenden Jahr. Karl war erneut Witwer und beschloss es zu bleiben. Von Verzicht auf den intimen Umgang mit Frauen verlautet indessen nichts. Statt eines Kommentars teilt Einhart lakonisch die Namen der Beischläferinnen mit, unter denen sich bereits eine Sächsin befand, und der aus diesen Verhältnissen stammenden Kinder. Es waren dies drei weitere Söhne, von denen Hugo und Drogo in der geistlichen Hierarchie aufsteigen sollten. Die miterlebenden Autoren, Briefeschreiber und Poeten wagten keine Kritik an Karls Liebesleben. Erst 824 traute sich auf der Reichenau der Mönch Wetti, dem Abt und Brüder sicher nur zu gern lauschten, unter dem Deckmantel einer nächtlichen Jenseitsvision an den großen Toten heran und rügte offen seine bis dahin tabuisierte Sexualität. Die späteren Historiker, namentlich die gutbürgerlichen, umschifften so gut sie konnten das heikle Thema, das ihre teilweise bizarre Heldenverehrung zu konterkarieren drohte. Karl starb am 28. Januar 814 im Alter von 65 Jahren in seinem geliebten Aachen an den Folgen einer Lungenentzündung und wurde noch am selben Tag, einem Samstag, in der Vorhalle des Münsters beerdigt. Sein «privates» Testament hatte er nach dem Tod seiner Söhne Pippin und Karl bereits Anfang 811 gemacht. Darin bedachte er großzügig vor allem die Kirchen und die Armen seines Reichs zur Sicherung des eigenen Seelenheils.

Einhart rühmt als Mitte von Karls Wesen dessen «magnanimitas» oder auch seine «constantia mentis», Vokabeln, die mit «Seelenstärke» oder auch «Hartnäckigkeit» nur unzureichend übersetzt sind. Tatsächlich meint diese Charakterstärke eine politische, nicht private Tugend, die zur Erfüllung selbst gesteckter Ziele befähigt. In Ciceros praktischer Philosophie «Von den Ämtern» («De officiis») lehrt diese Haltung die Treue zu sich selbst und die Pflicht gegenüber dem Gemeinwesen, der Res publica. Einhart sah diese «Kraft» in den langen Kriegszügen, etwa gegen die Sachsen, sich bewähren, in der festen Verbundenheit des Herrschers mit der römischen Kirche und mit den Nachfolgern Petri, insbesondere mit Hadrian I., dem Papst des «diamantenen Herzens», wie ihn das Papstbuch nennt, auch in der Sorge für den inneren Frieden des Imperiums Christianum nach dem Kaiserjahr 800.

Dieser Constantia mentis, der charakterlichen Festigkeit, war offenkundig auch eine bestimmte Unnachgiebigkeit, ja Härte Karls verwandt, die seine Konkurrenten, Widersacher und Feinde zu spüren bekamen. Zwar neigte er nach Einhart an sich zur Milde und zum Ausgleich, aber diese Züge waren gepaart mit Strenge, auch Unerbittlichkeit und Schärfe. Dies zeigte sich am so genannten Blutbad von Verden, dies zeigte sich an der Vernichtung Tassilos und seiner Familie, einem hässlichen Beispiel von «Sippenhaft», dies zeigte sich am Klostertod seines eigenen Sohnes, des unglücklichen buckligen Pippin. Was jedoch die Praxis seiner Kriegsführung betrifft, so hielt sich diese im Rahmen der Usancen seiner gewalttätigen Epoche: Rauben, Brennen, Töten, Menschenjagd und Deportation sind die Mittel der Auseinandersetzung dieser Zeit und nicht nur dieser. Kritik kam daran nicht auf, auch nicht von der Kirche, nicht einmal von Seiten der Betroffenen, die, wie die Sachsen, im Gegenzug ihrem Anführer Widukind später stolz ein gleiches kriegerisches Profil beilegten.

So genannter Talisman Karls des Großen. Der Reliquienanhänger, den Karl getragen haben soll, wurde angeblich in seinem Grab gefunden.

Die materielle Hinterlassenschaft Karls ist schmal, aber gewichtig. Zu nennen ist vorab die Marienkirche seiner Pfalzresidenz Aachen, die, wenn auch vielfach umgebaut und erweitert, ihr Oktogon bewahrt – erstmals diesseits der Alpen mit Bronzetüren ausgestattet, ferner die Reste seiner «kaiserlichen» Residenz Ingelheim, einige kostbare Codices, vielleicht auch der so genannte Talisman Karls des Großen, ein Brustreliquiar, das wohl in seinem Grab aufgefunden worden ist und 1804 als Geschenk in den Besitz der Kaiserin Joséphine, der Gattin Napoleons, gelangt war.

Die Außenpolitik Karls

Italien und das Papsttum

Bereits Ende 753 hatte der junge Karl, fast sechsjährig, wir wiesen bereits darauf hin, eine erste Bekanntschaft mit dem römischen Papst gemacht, als er ihn nach Ponthion im Herzen des Frankenreiches zu seinem Vater geleitete. Damit war die Allianz bekräftigt worden, die Italien ins Zentrum des politischen Bewusstseins am Hofe Pippins rückte. Kurz zuvor, im Jahr 751, hatte Pippin, dem Range nach «Fürst» und Hausmaier, ein päpstliches Gutachten genutzt, um die merowingische Dynastie abzulösen. Ihren letzten Schattenkönig, Childerich III., ließ er ins Kloster stecken. Da Karlmann, der Bruder Pippins, schon 747 ins Kloster gegangen war, wurde Pippin im Bündnis mit dem hohen Adel und den Großen der Kirche in Soissons zum König ausgerufen.

In seinem Rechtsgutachten hatte Papst Zacharias, der letzte Grieche auf dem Stuhle Petri, einer Lehrmeinung des heiligen Augustinus folgend, verlautbart, dass Herrschaft und Machtausübung, Namen und Sache, zusammengehen müssten und daher Pippin und nicht dem schwachen Childerich gemäß göttlicher Ordnung Funktion und Titel des Königs zustünden. Karls Biograph, der Mainfranke Einhart, ließ es sich noch nach zwei Generationen angelegen sein, ein Zerrbild der späten merowingischen Königsherrschaft vorzuführen, um auf diese Weise das Unerhörte des damaligen politischen Handelns, das in dem «Verlassen» des angestammten Herrschergeschlechtes lag, zu bemänteln. Immerhin war dieser Schritt nur mit dem Zuspruch der höchsten geistlichen Autorität gewagt worden – eine Hilfe, die dauerhaft und bewusst die neue Königsdynastie an Rom und die Papstkirche band und darüber hinaus das langobardische Italien in das politische Kalkül einbezog.

Die Apenninenhalbinsel war seit der Eroberung Nord- und Teilen Mittel- wie Süditaliens durch die Langobarden im Jahr 568 faktisch dreigeteilt in das namengebende Königreich in der späteren Lombardei mit Pavia als Hauptstadt, dem sich in der Mitte des Stiefels und in Richtung Süden die Herzogtümer Spoleto und Benevent zuordneten, ferner in die noch verbliebenen byzantinischen Herrschaftsgebiete um Neapel und Kalabrien, vor allem Sizilien, und in den Dukat von Rom als Domäne des Papstes, der spätestens seit den Tagen Gregors des Großen († 604) weitgehend die administrativen Kompetenzen des einst von Konstantinopel ernannten Dux übernommen hatte. Zugleich besaß die römische Kirche – zumal im Umkreis der Ewigen Stadt, aber auch im Süden und auf Sizilien – zahlreiche bedeutende Latifundien, so genannte Patrimonien, sofern sie nicht ihrer Verfügungsgewalt entzogen worden waren, was vielfach zutraf. Auch auf Teile des Exarchats von Ravenna, des letzten Außenpostens von Byzanz in Oberitalien, der 751 in die Hände des Langobardenkönigs Aistulf gefallen war, erhob der Papst Besitz- und Rechtsansprüche. Nach der Einnahme des Exarchats zielte die langobardische Eroberungsstrategie im Gegenzug auf die Unterwerfung Roms.

Dieser Gefahr bewusst, hatte der Papst um fränkischen Beistand nachgesucht, den «Fürst» Pippin, der Vater Karls, mit Rücksicht auf die Stimmung seiner Großen nicht gewähren konnte oder wollte. An Hilfe aus Byzanz war nicht zu denken. Nicht allein, dass sich das Kaiserreich einer doppelten Zangenbewegung seiner Gegner auf dem Balkan und im Vorderen Orient, zu Wasser und zu Lande, erwehren musste, Rom und das Reich am Bosporus hatten sich unter den bilderfeindlichen «syrischen» Kaisern seit 717 theologisch und religionspolitisch stark auseinander bewegt. Der griechische Osten und der lateinische Westen lebten in angespannter Koexistenz, zumal die geistliche Zuständigkeit des römischen Pontifex für Kalabrien, Sizilien und das Illyricum (Dalmatien, insbesondere der Küstensaum an der östlichen Adria) zugunsten des Patriarchen von Konstantinopel beschnitten worden war.

Angesichts dieser latenten Spannung verblieben als Bündnispartner des in seiner politischen Existenz bedrohten Papsttums vor allem die Franken, zumal der König aus der Newcomer-Dynastie. Der demonstrative Zug Stephans II. über den Großen St. Bernhard besiegelte den Pakt. Mit dem Eintritt des jungen Karl in die Geschichte verbindet sich sogleich ein Aspekt, der auf Dauer das Reich nördlich der Alpen an die geistliche Vormacht des Westens südlich des Alpenkamms binden sollte: Der spannungsvolle Dualismus zwischen «regnum» und «sacerdotium», Kaiser und Papst, Staat und Kirche, wurde 754 auf fränkischem Boden begründet. In der Klosterkirche von Saint Denis nahe Paris salbte der Papst am 28. Juli 754 nach alttestamentarischem Vorbild Pippin, seine Söhne Karl und Karlmann zu Königen, Karls Mutter Bertrada wurde durch eine Segnung in die Zeremonie eingebunden. Überdies erhielten die Könige den Titel eines «patricius Romanorum» – Patrizius der Römer, ein der byzantinischen Nomenklatur entlehnter hoher Rang, jetzt mit Bezug auf die Bewohner der Ewigen Stadt, der freilich unklar war und blieb. Zugleich schwur der Heilige Vater die Franken auf Pippin, seine Söhne und deren Erben als alleinige Träger des fränkischen Königtums ein und verbot gar das Verlassen dieses Geschlechts! Als Gegenleistung sicherte der König in einem feierlichen Akt, später von seinem Sohn Karl und seinem Enkel Ludwig modifiziert und bekräftigt, in der so genannten Pippin'schen Schenkung der römischen Kirche eine beachtliche Ländermasse auf der Apenninenhalbinsel zu: Dem Dukat von Rom sollte der Exarchat von Ravenna (mit Venetien und Istrien) hinzugefügt werden und der fiktiven Luna-Monselice-Linie folgend quer durch Oberitalien Teile des langobardischen Königreichs, vielleicht auch die nach Süden sich anschließenden langobardischen Herzogtümer. Möglicherweise war auch nur von den entfremdeten Patrimonien der römischen Kirche in diesen Regionen die Rede. Die Urkunde von 754 ist ebenso verloren wie die Neuausfertigungen von 774 und 817, sodass über Art und Umfang der Schenkungen Ungewissheit bleibt. Jedenfalls ist davon auszugehen, dass Karl nach der militärischen Eroberung des Langobardenreiches 773/74, vertraut mit der politischen Geographie Italiens und seinen Herrschaftsstrukturen, beachtliche Abstriche am ursprünglichen Übergabekonzept gemacht haben dürfte, um die fränkische Vorherrschaft in Nord- und Mittelitalien nicht zu gefährden. Wie dem auch sei, 754, in Zeiten von Karls Vater, schlug jedenfalls die Geburtsstunde des nachmaligen Kirchenstaates, der im 12. Jahrhundert und nochmals im Zeitalter der Renaissance seine größte Ausdehnung erfahren hat. Zwar schrumpfte dieser als Folge der Einigung Italiens im 19. Jahrhundert und nach den Lateranverträgen von 1929 zu einem winzigen Staatsgebilde – dem

Vatikanstaat – zusammen, sichert dem Pontifex maximus aber bis heute eine unangefochtene Stellung als Souverän und absoluter Monarch. Diese in ihrer historischen Auswirkung damals unabsehbare Überlassung von Besitzungen und Rechten wurde in Rom, wohl in den achtziger Jahren des 8. Jahrhunderts, durch ein weiteres Dokument untermauert, das als bedeutendste Fälschung der gesamten europäischen Geschichte gilt: die so genannte Konstantinische Schenkung. In einem aus mehreren Teilen bestehenden Schriftstück überlässt danach Konstantin I., der Große († 337), der erste christliche Kaiser, Papst Silvester I. aus Dankbarkeit für die Heilung von einer tödlichen Krankheit die Herrschaft über den «Westen» (Hesperien) mitsamt den Inseln und überträgt ihm zugleich die kaiserlichen Insignien als Zeichen imperialer Gewalt. Ferner verzichtet der Kaiser aus Ehrfurcht vor Petrus und seinen Nachfolgern, den Päpsten, auf jedwede Herrschaftsausübung in Rom, übergibt ihm die kaiserliche Residenz, den Lateranpalast, zieht sich selbst in seine Neugründung am Bosporus, das Neue Rom, Konstantinopel, zurück. Dieser Text bot in seinen allgemein gehaltenen Gebietszuweisungen eine rechtliche Grundlage für sehr weitgehende päpstliche Ansprüche, auch wenn ihm offenkundig als Geburtsfehler die Ableitung weltlicher Rechte der römischen Kirche aus kaiserlicher Verleihung anhing. Mit ihr ließ sich indessen die Doppelfunktion des Papstes als oberster Priester und kaisergleicher Landesherr begründen.

Karl wuchs in jenen Jahren in einem Umfeld heran, das aus älterer fränkischer Enge jetzt «europäische» Horizonte aufzeigte und zudem seit der Spätzeit Pippins bereits über diplomatische Kontakte zum Osten – Byzanz und Damaskus / Bagdad – verfügte. Fundament der alpenübergreifenden fränkischen Politik blieb auf Dauer das unverbrüchliche Bündnis des Königs mit dem Nachfolger Petri. Fand das Papsttum in seinen vielfachen Bedrängnissen wirkungsvolle, auch militärische Hilfe gegen seine langobardischen Widersacher, so erhielt das Königtum der Karolinger, dies der spätere Name der Dynastie nach ihrem bedeutendsten Vertreter, eine religiös-geistliche Begründung durch päpstliche Salbung und Gevatternschaft mit den Nachfolgern des Apostelfürsten. Als Herrscher «von Gottes Gnaden» – der offizielle Titel seit 768 – wussten sich die neuen Könige über ihre merowingischen Vorgänger spirituell hinausgehoben: Zum gleichsam ererbten Charisma der Königsfamilie aus grauer Vorzeit, dem magischen «Königsheil» germanisch-fränkischer Herkunft, trat der religiös bestimmte Charakter des «christus domini», des Gesalbten des Herrn, der zugleich die sakrale Aura des Alten Testaments und seiner von Gott erwählten Könige, vor allem Davids und Salomons, hervorrief. Die Königsherrschaft erhielt damit eine zusätzliche, geistliche Dimension. Diese Sakralisierung von Herrschaft fand bereits unter Karl ihren sichtbaren Ausdruck in der Gestaltung der Königsurkunde als Zeichen: die Ersetzung des einfachen Kreuzes zu Beginn des Textes durch das Chrismon, die symbolische Anrufung Jesu Christi, das Monogramm in Gestalt des Kreuzes und in der Siegelumschrift nach Art der Litanei als Anrufung Gottes.[3]

Dazu trat gewissermaßen der Rückgriff auf die Antike im Siegel hinzu, das auf seiner Vorderseite das Porträt eines Kaisers oder Philosophen aufweist.

Der Herrscher «gratia dei», «von Gottes Gnaden», wird in seiner herausgehobenen Stellung Mittler zwischen Himmel und Erde, Gott und den Menschen. Wenn auch diese Gedanken- und Vorstellungswelt nur einem sehr kleinen Teil der Zeitgenossen zugänglich gewesen sein dürfte, so haben steinerne Monumente, Elfenbeintafeln als Bucheinband, vor allem aber Miniaturen in kostbaren Handschriften dieser christlichen Konzeption von Königsherrschaft zu einer Kraft verholfen, die auf alle europäischen Monarchien bis heute ausstrahlt und ihnen ein bleibendes Faszinosum verleiht. Mit Pippin und Karl aber hebt die Reihe dieser sakralen Könige an. Auch die janusköpfige Existenz des römischen Papstes als höchster Priester und zugleich als Landesherr geht auf die frühe Karolingerzeit zurück.

Das Frankenreich hatte seit den Tagen des Merowingers Chlodwig († 511), zumal später unter dem bestimmenden Einfluss der Hausmaier, über die Ländertrias Austrien, Neustrien und Burgund (unter Einschluss der heutigen Westschweiz und des französischen Jura) hinaus kräftigen Land- und damit Machtgewinn erzielt: Mit der Eroberung der Provence und Septimaniens (Narbonne) wurde die Mittelmeerküste erreicht, Thüringen und die Mainlande, das nachmalige «Franken», konnten hinzugefügt werden, Friesland bis zum Grenzfluss Lauwers geriet unter fränkischen Einfluss, Alemannien war 746 nach Beseitigung seiner Herzöge einbezogen, Aquitanien südlich der Loire wurde erfolgreich militärisch attackiert, konnte aber vor 768, dem Todesjahr König Pippins, nicht völlig überwältigt werden. Allein Bayern, Schlüssel zur Alpenregion und Durchzugsland nach Italien, bewahrte noch als unmittelbarer Nachbar seinen Status als autonomes Regnum. Der bayerische Herzog, Tassilo III., ein Cousin Karls, war überdies ein Schwiegersohn des Langobardenkönigs Desiderius, des damaligen Hauptwidersachers der römischen Kirche. Diese Konstellation trug Konfliktpotenzial in sich, zumal sich das Frankenreich nach 751 als Schutzmacht des Papsttums und seiner Interessen verstand. Diplomatisch wurde bereits der Kontakt mit Ostrom gesucht und ein Heiratsplan zwischen dem Sohn des Basileus Konstantin V., dem späteren Leon IV., und Pippins einziger Tochter Gisela, der Schwester Karls, verabredet, der freilich ebenso scheiterte wie später geplante Familienbündnisse. In Gegenwart des Königs Pippin fand in Gentilly 767 eine Synode statt, auf der «Griechen und Römer» ihre theologischen Differenzen erörterten.

In den letzten Jahren seiner Herrschaft knüpfte Pippin diplomatische Beziehungen zum Orient und empfing 768 Gesandte des Kalifen, die eine fränkische Legation bei ihrer Rückkehr aus dem Orient begleiteten. Offenbar lag den neuen Herrschern im Osten, den Abbasiden, daran, in der aufstrebenden Macht des Westens, den Franken, einen Verbündeten gegen ihre schärfsten Konkurrenten, die Omaijaden auf der Iberischen Halbinsel, zu gewinnen. Diese waren bis zum Ebro nach Norden vorgedrungen, und ihre erneute Begegnung mit den Franken konnte nach dem absehbaren Fall Aquitaniens nur eine Frage der Zeit sein. Diese musste nicht unbedingt eine militärische sein wie 732, als es Karls Großvater, Karl Martell, gelungen war, den arabischen Angriff bei Tours und Poitiers südlich der Loire erfolgreich abzuwehren. Die Kontakte mit Konstantinopel und Bagdad, der jungen Residenz der Abbasiden, verstärkten sich unter Karl noch wesentlich. Provinzielle Enge ist keinesfalls ein Kennzeichen karolingischer «Außenpolitik». Diese war freilich als Begriff sowenig Bestandteil einer umfassenden Konzeption von Politik wie die «Innenpolitik» – die Rezeption aristotelischer Kategorien und deren Umsetzung in gedankliche und politische Wirklichkeit ließ noch lange Jahrhunderte auf sich warten –, dennoch war Karl und seinen Zeitgenossen, wie späteren Königen auch, durchaus bewusst, dass Herrschaft und deren Ausübung verschiedene Tätigkeitsfelder berührten und in sich ein Mixtum aus nach innen und außen gelenkten Aktivitäten vereinten. Dieses Nebeneinander von außen und innen hatte als Schema die Kaiserviten Suetons bestimmt, jener Lebensbeschreibungen, die Einhart als Vorlage seiner Karlsbiographie wählte. Auch das «politische» Testament Karls von 806 regelt das Erbe seiner drei Söhne als Brüdergemeinde durchaus nach den Erfordernissen innerer und äußerer Angelegenheiten.[4]

Bereits die Teilungsmodalitäten, die König Pippin kurz vor seinem Tod am 24. September 768 mit Zustimmung der weltlichen und geistlichen Großen seinen Söhnen Karl und Karlmann vorgab, unterscheiden sorgsam zwischen der Einrichtung von zwei Teilreichen und gemeinsamen politisch-militärischen Aufgaben nach außen. Das Reich wurde – an einem älteren Teilungsplan von 742 orientiert – in zwei gleichsam übereinander liegende Hälften geteilt: Karl, der ältere, erhielt das «Reich der Austrasier», mithin die nördliche Francia mit Einschluss Frieslands, Mainfrankens und Thüringens und als Brücke zum noch umkämpften Aquitanien das neu formierte Neustrien zwischen Seine und Loire, während Karlmann die Provence, Septimanien, Burgund, das Elsass und Alemannien sowie Teile des einstigen Neustrien, der alten merowingischen Königslandschaft zwischen Seine und Somme, Aisne und Oise mit den Krönungsstädten Soissons und Reims und wichtigen Pfalzen wie Compiègne, Verberie oder Ponthion zugewiesen bekam. Aquitanien sollte von beiden Königen offenbar gemeinsam fränkischer Herrschaft unterworfen werden.

Mit dem am gleichen Tag – dem 9. Oktober 768, am Fest des von den Franken besonders verehrten heiligen Dionysius – in Soissons und Noyon jeweils grenznah vollzogenen öffentlichen Antritt der Königsherrschaft demonstrierten die Söhne Pippins ebenso ihre Gleichrangigkeit wie in der Benennung ihrer Erstgeborenen nach dem Vater, Pippin, dem Leitnamen der Familie. Dies blieb eines der wenigen Zeichen brüderlicher Gemeinsamkeit. Aus verdeckter Rivalität wurde offenbar schnell offene Feindschaft: Weder erhielt der jüngere Karlmann nach seinem raschen Ableben 771 ein Begräbnis an der Seite der Eltern in St. Denis noch ein durch Stiftungen abgesichertes Totengedenken seines Bruders; selbst sein Name wurde durch die spätere Umbenennung von Karls drittem Sohn Karlmann in Pippin 781 aus dem Gedächtnis getilgt – Karl schloss sofort die Söhne seines Bruders als künftige Erben der Herrschaft ihres Vaters aus und ließ das Eintrittsrecht der Neffen in die Rechte des Vaters nicht gelten. Als Auslöser der Konflikte im Hause Pippins werden Differenzen in der Aquitanienpolitik genannt – so habe Karlmann seinem Bruder die angeforderte Waffenhilfe auf einem Feldzug südlich der Loire verweigert.

Das Ende des Desiderius und die Anfänge des Kirchenstaates

Wichtiger als die Behandlung der noch offenen Wunde Aquitanien erwies sich der Umgang mit Papst und Langobardenkönig. Hier hatte sich offenbar weiterer außenpolitischer Zündstoff angesammelt, auch wenn die spärliche Quellendokumentation den Spannungsbogen zwischen den königlichen Brüdern nicht exakt nachzeichnet. Dieser Zündstoff lag in dem abrupten politischen Seitenwechsel mit weitreichenden Konsequenzen, einem «renversement des alliances» in Italien, für den höchstwahrscheinlich Karls und Karlmanns Mutter Bertrada die eigentliche Verantwortung trug: Zum entsetzten Erstaunen Papst Stephans III. fand nach Pippins Ableben eine Annäherung der fränkischen Könige an den Langobardenherrscher Desiderius statt, die schließlich in der Heirat Karls mit einer Tochter des Königs gipfelte. Karl bildete jetzt mit den Herzögen Arichis von Benevent und Tassilo von Bayern zusammen eine mächtige Trias von Schwiegersöhnen des Langobarden. Diese Alpen und Apennin übergreifende Koalition veranlasste den nicht sonderlich gut unterrichteten Papst zu einem verbalen Angriff auf seine fränkische Schutzmacht, jenseits römischer Routine und diplomatischer Rücksichten. Unter direkter Anspielung auf die Aktivitäten ihrer Mutter Bertrada verweist der Heilige Vater zornig auf die Schöpfungsgeschichte: Habe sich nicht der Teufel der «schwachen Natur des Weibes» bedient, um den ersten Menschen gegen das Gebot des Schöpfers zu empören? Wie könne sich einer der Frankenkönige – vom Vater bereits rechtsgültig in einer dotierten Ehe vermählt – mit dem «treulosen und stinkenden Volk der Langobarden» versippen? Niemals habe bisher ein fränkischer König eine nichtfränkische Frau geheiratet. Das Schreiben gipfelt in einem rhetorischen Stakkato: «Und wie könnt Ihr jetzt bestrebt sein, gegen Eure Seelen zu handeln und mit unseren Feinden eine Verbindung einzugehen, so sich dieses verfluchte Volk der Langobarden, das stets die Kirche Gottes bekämpft und in diese römische Provinz eindringt, als unser Feind erwiesen hat?» Gelte nicht mehr: «Mein Freund ist Dein Freund, mein Feind ist Dein Feind?» Trotz dieser massiven Anwürfe verstieß Karl seine Gemahlin Himiltrud, die Mutter seines Erstgeborenen Pippin, der als «Buckliger» in die Geschichtsbücher einging, und heiratete eine Tochter des Desiderius. Diesem neuen Bündnis musste sich auch der Papst nolens volens nach einigem Zögern anschließen, wollte er nicht in völlige Isolierung geraten.

Desiderius nutzte die Gunst der Stunde, rückte vor Rom, ließ frankophile Berater Stephans III., der passiv zuwartete, festnehmen und ermorden, warf sich gar zum Schutzherrn Roms und des Nachfolgers Petri auf, der den Langobarden in Hoffnung auf «Restitution» von Kirchengut jetzt gar als «herausragenden Sohn» titulierte. Aber unmittelbar nach Karlmanns Ableben am 4. Dezember 771 nahm Karl erneut eine Wende in seiner Außenpolitik vor und kehrte zu dem «staatstragenden» Bündnis mit dem

«Gesternte» Goldmünze des letzten Langobardenkönigs Desiderius

Papsttum als Fundament seiner Königsherrschaft zurück, verstieß die langobardische Prinzessin, deren Name nicht einmal bekannt ist – ohne Schuld, wie eine wenig spätere Quelle lakonisch und sicherlich zutreffend berichtet. Desiderius musste diesen Vorgang als Aufkündigung des Bündnisses auffassen und als Kriegserklärung. Über diesen Bruch kam es, wie Einhart bemerkt, überdies zu einer heftigen Auseinandersetzung Karls mit seiner Mutter Bertrada und wichtigen Beratern, an erster Stelle seinem Halbcousin Adalhard, dem späteren Abt von Corbie († 826) und Stütze seiner letzten Herrschaftsjahre. Nach der Legende fand die verstoßene Langobardin Aufnahme im Königskloster San Salvatore (später Santa Giulia) in Brescia, und Italiens Nationaldichter, Giuseppe Manzoni, hat ihr 1822 als Ermengarda in seiner fünfaktigen Tragödie «Adelchis» ein auch von Goethe bewundertes poetisches Denkmal gesetzt.

Adalhard
* Um 750, † 826, Vetter und einer der wichtigsten Ratgeber Karls und seiner Söhne. Zur geistlichen Laufbahn bestimmt und mit Karl zusammen erzogen (in St. Denis?), seit 771 Mönch in der Abtei Corbie, dem wichtigsten Bildungs- und Reformzentrum nahe Amiens; gelehrte Tätigkeit, nach 780 und erneut 812 Berater König Pippins von Italien bzw. seines Sohnes Bernhard. Unter Ludwig dem Frommen nach 816 in Ungnade gefallen, auf die Klosterinsel Noirmoutiers verbannt, seit 821 Abt von Corbie, mit wichtigem Reform- und Reorganisationsprogramm befasst. 815 bzw. 826 zusammen mit seinem Halbbruder Wala (sein Nachfolger als Abt in Corbie, † 836 als Abt von Bobbio im westlichen Oberitalien) Gründer von Kloster Corvey nahe Höxter, der «Corbeia nova».

Die Rückkehr Karls in die politischen Bahnen seines Vaters wurde durch einen Wechsel auf dem Stuhle Petri nachhaltig begünstigt: Auf Stephan III. folgte am 1. Februar 772 mit Hadrian I. ein vornehmer Stadtrömer, ein Mann wahrhaft staatsmännischen Formats, der Prinzipientreue mit Umsicht und diplomatischem Geschick verband, dabei unerschrocken war und – wie das Papstbuch ausführt, dem wir in seinen biographischen Abrissen die wesentlichen Kenntnisse der handelnden Personen und ihrer Tätigkeit im karolingerzeitlichen Rom verdanken – ein «erzenes» oder «diamantenes» Herz besaß. Papst und Frankenkönig schlossen bereits Ostern 774 am Grabe Petri ein Freundschaftsbündnis, das alle gelegentlichen Schwierigkeiten und politischen Eintrübungen überdauern sollte. Als Hadrian I. 795 – nach einem der längsten Pontifikate bis heute – starb, widmete ihm Karl eine Grabplatte mit eingemeißeltem Epitaph, das die einzigartige «Sternenfreundschaft» beschwört und den dahingegangenen Papst als Fürsprecher des Königs dereinst im Jenseits reklamiert.

Der künftigen Haltung Karls noch ungewiss, hatte Papst Hadrian I. sich freilich zunächst – der Nachrichtenaustausch war schwierig in diesen Zeiten – eines weiteren Bündnispartners versichert und eine geistliche Gevatternschaft mit Herzog Tassilo von Bayern begründet, dessen Sohn Theodo 772 am Pfingstfest in Rom aus der Taufe gehoben wurde. Diese Annäherung war aus römischer Sicht umso mehr geboten, als der Schwiegersohn des wenig geliebten Desiderius soeben einen brillanten Sieg über die heidnischen Karantanen im Südosten seines Regnum davongetragen hatte, einen Sieg, der von örtlichen Quellen durchaus dem Triumph Karl Martells über die andrängenden Sarazenen 732 bei Tours und Poitiers gleichgestellt wurde. Zudem stand der Herzog ausweislich der Synoden de facto den bayerischen Bischofssitzen vor, die noch nicht unter der Leitung eines Erzbischofs, des Metropoliten, zusammengefasst waren. Das Selbstbewusstsein Tassilos mag in seinem Zenit gestanden haben, der Stolz seiner aus langobardischem Königsgeschlecht stammenden Gemahlin Liutperga sicher nicht weniger. Zur gleichen Zeit setzte Desiderius seine auf Rom gerichtete Expansionspolitik fort, bemäntelte die Besetzung des alten Exarchats von Ravenna und von Teilen der benachbarten Pentapolis («Gebiet der fünf Städte») als Vorgriff auf die Rückgabe von Patrimonien an die Kirche. Überdies hielt er den Papst zu einer Intervention zugunsten von Karls Neffen an, die mit ihrer Mutter an den Königshof von Pavia geflohen waren. Karl suchte zunächst ohne Einsatz militärischer Kräfte zu einer Lösung der Konflikte zu gelangen. Nach dem Frontwechsel an die Seite des Papstes bot er seinem ehemaligen Schwiegervater angeblich die ungeheure Summe von 14000 Goldsolidi an für die Übergabe der besetzten Städte und Territorien an die römische Kirche. Offenbar befürchtete er nicht ganz zu Unrecht, sein kriegerisches Potenzial bei einem Angriff auf Desiderius zu überfordern und damit die in ihn als Heerführer (und König) gesetzten Erwartungen zu enttäuschen. Wie die nächsten Monate zeigen sollten, hatte Karl eine grenznahe Konfrontation mit den Sachsen ins Auge gefasst, aber keinen Feldzug über die Alpen mit gänzlich ungewissem Ausgang. Der Langobarde verwarf das großzügige Verhandlungsangebot, seinem fränkischen Gegenspieler blieb nur der Kampf. Mit Heeresmacht in doppelter Formation brach Karl über Genf im Frühsommer 773 nach Italien auf, abgesichert durch ein Bündnis mit der Familie der Victoriden, die Chur bzw. Rätien beherrschten und dem König Optionen auf die Benutzung von Splügenpass und Julier (Septimer) eröffneten, während der Brenner als bayerische Passstraße außen vor blieb. Die Sicherung schwieriger Alpenpassagen war immer ein Kennzeichen karolingischer «Außenpolitik»; dies gilt auch für die mehrfache Begünstigung der Abtei Novalese im Tal von Susa als Bastion vor bzw. nach dem Großen St. Bernhard in diesen Jahren. Vor den so genannten Klausen oberhalb Susas kam der vereinigte fränkische Vormarsch zu einem Halt: Der Gegner hatte den Weg mit Verhauen unpassierbar gemacht. Wieder verlegte sich der König aufs Verhandeln, wieder bot er Geldzahlungen für die Erfüllung seiner Forderungen, wieder wurde das Angebot abgelehnt.

An einen ruhmlosen Abzug soll Karl gar gedacht haben, als am nächsten Tag das langobardische Heer die volle Flucht ergriff, der König an der Spitze.

Dieses kopflose Zurückweichen des Gegners und seiner Truppen, die nach einem halben Jahr erfolgreiche Belagerung und Einnahme Pavias sowie das Ende des Desiderius und seiner Familie in fränkischer Klosterhaft lassen sich keineswegs allein oder vorwiegend mit dem militärischen Potenzial der Franken, gar mit den eisenstarrenden Reiterschwadronen erklären, wie dies spätere Quellen gern andeuten. Die Gründe liegen vielmehr in einem sich immer mehr beschleunigenden Erosionsprozess der langobardischen Königsgewalt im 8. Jahrhundert, der mit dem raschen Wechsel in der Abfolge der Herrscher aus konkurrierenden Herzogsfamilien einherging. Hinzu trat zuletzt das sprunghafte, nicht berechenbare Verhalten des Desiderius, insbesondere in seinem Schwanken zwischen pro- und antipäpstlicher Rompolitik. Tatsache ist, dass die weltlichen und geistlichen Eliten allenthalben – in den Städten und kirchlichen Zentren zumal – zum fränkischen König überliefen und damit Besitz und Position absicherten. Karl dürfte hier und da bereits durch entsprechende Mittel dem Wechsel vorgearbeitet haben. Widerstand und Aufruhr gegen den neuen Herrn wurden mit hohen Strafen, Tod, Exil und Enteignung, geahndet, Unterwerfung erfuhr Belohnung. Opfer war unter anderen auch die Familie des Paulus Diaconus, Prinzessinnenerzieher am Hofe zu Benevent und Historiograph der Langobarden im Abgesang auf eine schon als vergangen empfundene historische Epoche. Dieser hatte sich wenige Jahre später wegen seines exilierten und enteigneten Bruders an den König gewandt. Nicht nur wurde seiner Bitte entsprochen, der König band den Bittsteller in seine Entourage als Autor und Berater ein.

Klage und Bitte des Paulus Diaconus, gerichtet an Karl den Großen (782)

Nimm die Worte Deines Dieners, höchster König, mit heiterer Stirn auf und bedenke mein Flehen mit Mitleid.
Ich bin elend, wie ich es verdiene, so wie es kaum jemand auf Erden ist; zu mir gehören Schmerz und traurige Stunden.
Das siebte Jahr ist da. Aus ihm bringt neue Ursache zahlreiche Schmerzen hervor und erschüttert mein Gemüt.
Mein leiblicher Bruder ist seither Gefangener in Euren fernen Grenzen, mit bedrängter Brust und bedürftig nackt.
Seine bedauernswerte Ehefrau bettelt mit zitternder Stimme auf den Plätzen um Nahrung; vier Kinder ernährt sie mit dieser schmählichen Kunst, die sie kaum mit Lumpen zu bedecken vermag.
[...]
Gib den Gefangenen dem Vaterland zurück und den heimatlichen Gefilden,
Und gib ihm zugleich mit maßvollen Gaben seine Würde zurück.

MGH Poetae latini aevi Carolini I, Nr. X, S. 47

Statt Unterwerfung und Diskriminierung erfolgte eine politische Angleichung der Langobarden an die Franken unter dem gemeinsamen Dach der Herrschaft Karls, der sich nach der Einnahme von Pavia im Frühjahr 774 «König der Franken und Langobarden» nannte. Damit setzte Karl «staatsrechtlich» auf die Symbiose zwischen beiden Völkern, der eine beachtliche Wanderungsbewegung von Franken, Bayern und anderen germanischen Ethnien nach Oberitalien vorangegangen war. Verbrüderungsbücher von Abteien diesseits und jenseits der Alpen – so Reichenau und Santa Giulia in Brescia – bestätigen diese Verbindung. Es fand ein Wechsel an der Spitze statt, die administrativen, sozialen und wirtschaftlichen Strukturen blieben wesentlich erhalten als Fundamente der Königsherrschaft.

Die Wiederbelebung des westlichen Kaisertums am Weihnachtstag 800 sollte diese Verklammerung festigen. Aus dem Langobardenreich karolingischer Observanz wurde mit Ottos I. Erneuerung des Kaisertums 962 «Reichsitalien», das sich mit dem ostfränkisch-sächsischen Regnum und Burgund 1033 zum «Sacrum Imperium», wie das Reich seit dem 12. Jahrhundert auch offiziell hieß, ausbildete.

Der Papst sah sich durch den glücklichen Verlauf der militärischen Operationen in seinen Erwartungen auf Restitution gestärkt und dürfte vom «Patrizius der Römer» rasch positive Entscheidungen für sich erhofft haben. Ende März 774 – vor dem Osterfest und während der Belagerung Pavias durch das fränkische Heer – wurde Karl bei seinem ersten, offenbar zu diesem Zeitpunkt nicht erwarteten Besuch des Petrusgrabes, der zugleich eine Pilgerwallfahrt zu den Hauptkirchen Roms einschloss, vom Papst mit allen Ehren und einem rasch improvisierten Zeremoniell am dreißigsten Meilenstein vor der Ewigen Stadt eingeholt, «wie es Sitte ist, den Exarchen oder Patrizius zu empfangen». Karl näherte sich in fromm-demütiger Haltung der riesigen konstantinischen Basilika Alt-St. Peter. Vom Torhaus des Atriums bis zur Apsis waren nicht weniger als 213 Meter zurückzulegen! Das Petrusgrab war seit den Tagen Papst Gregors des Großen († 604) als doppelstöckige Memorialanlage gestaltet: In einer vertieften Ringkrypta befand sich der mit einer Pforte verschlossene Apostelschrein; als Aufsatz diente die Altarmensa, eine Marmorplatte, die im Zentrum einer weiträumigen Estrada über beidseitige Treppen zugänglich war.[5] Die Pracht der Anlage, die Heiligkeit des Ortes und die Gegenwart des Apostelnachfolgers dürften auf Karl einen tiefen Eindruck nicht verfehlt haben. Papst und König banden sich vor dem Petrusgrab mit einem Treueschwur unverbrüchlich aneinander; Karl erneuerte in dieser sakralen Sphäre auf Bitten Hadrians die Schenkungsurkunde seines Va-

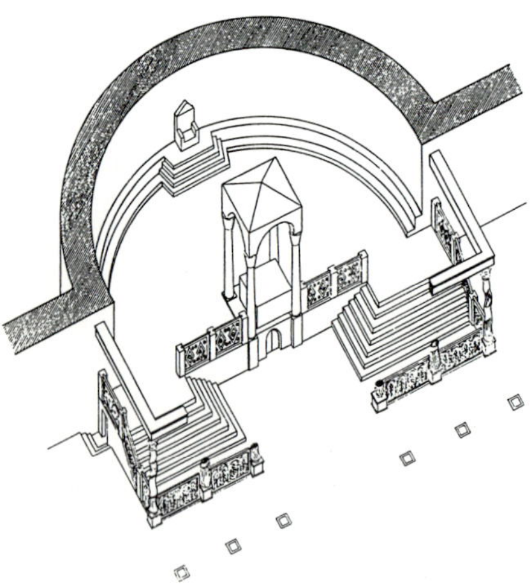

Rekonstruktion des Altarraums von St. Peter in Rom nach der Umgestaltung durch Papst Gregor I. († 604) (nach Achim Arbeiter)

ters Pippin. In nicht weniger als drei gleich lautenden Exemplaren wurde die «Donatio Pippini» ausgefertigt, Papst und König erhielten für ihr Archiv jeweils eines, das dritte wurde in der «Confessio des Apostelfürsten» als Rechtstitel hinterlegt. Keines dieser Originale ist erhalten, nicht einmal eine Einzelabschrift: Im Hochmittelalter dürfte die Aufbewahrung der Urkunde im Archiv der Kurie mit ihrem für das expansive Papsttum vergleichsweise bescheidenen Inhalt nicht mehr opportun gewesen sein. Das Exemplar Karls hat längst das Schicksal vieler Dokumente des Mittelalters geteilt: Es ist schlicht verloren gegangen.

Der Text muss jedenfalls genügend Interpretationsmöglichkeiten gestattet haben: Karl wandte sich nur zögerlich dem Restitutionsprogramm zu und wies vielfach päpstliche Forderungen angesichts seiner eigenen Herrschaft über Ober- und Mittelitalien ab oder konterkarierte sie gar durch geeignete Maßnahmen. Wohl erst in den achtziger Jahren stimmte er einer Übergabe von Rechten und Besitzungen zu, die Rom über einen Landkorridor (südliche Toskana sowie Perugia und Ancona) mit Teilen des Exarchats und der Pentapolis verbanden. Die römische Kirche versuchte hingegen mit Hilfe der Konstantinischen Fälschung ein «Maximalprogramm» theoretisch zu begründen und durch Interpolation älterer Urkunden zu fixieren. Zu einem Bruch ließen es die Partner angesichts dieser Differenzen freilich nicht kommen: Das Bündnis überdauerte alle Nöte der Tagespolitik.

Zugleich vollzog sich in diesen Jahrzehnten die Integration Italiens – soweit unter fränkischer Herrschaft stehend – in das Reich Karls. Die wirtschaftlich-sozialen Strukturen blieben erhalten; es fand kein grundlegender Austausch der Eliten statt, die Dominanz der Stadtwirtschaft blieb unangetastet, das Königtum zog insbesondere aus Markt, Münze und Zoll Gewinn. Karl entsprach auch langobardischer Tradition, wenn er der Pfalz von Pavia ihren Rang als Residenz beließ, Mailand aber in seinem Erzbischof als Nachfolger des heiligen Ambrosius ehrte; so ließ er seine Tochter Gisela von diesem 781 aus der Taufe heben.

Bereits in diesen Jahren entschloss sich der Frankenherrscher während eines neuerlichen Rombesuchs, seine jüngeren Söhne aus der Ehe mit der Alemannin Hildegard, Karlmann-Pippin und Ludwig, zu Königen für Italien und Aquitanien zu bestellen, wozu er erneut päpstliche Hilfe in Form der Salbung und der Gevatternschaft in Anspruch nahm. Der älteste Sohn aus dieser Verbindung, Karl, blieb, obwohl rechte Hand des Vaters, von dieser Rangerhöhung noch ausgeschlossen. Erst die Kaiserkrönung Karls verschaffte ihm den offiziellen Königstitel. Im Verständnis des Herrschers konnte es nur einen «fränkischen» König geben: ihn selbst. Die Einsetzung von Söhnen als «Mittelgewalten» erleichterte angesichts der riesigen Ausdehnung des Regnums und der mangelnden Kommunikationsnetze zwischen den Reichsteilen die Ausübung von Herrschaft, ohne gleichzeitig gefährliche zentrifugale Tendenzen auszubilden, die mit der Amtsführung von Herzögen oder Präfekten nicht selten verbunden waren. Königssöhne unterstanden überdies stets der väterlichen Gewalt, wie das politische Testament Karls von 806 eindrucksvoll ausspricht. Die Regna fanden ihren Bezugspunkt im Gesamtherrscher.

Was die langobardischen Herzogtümer angeht, so nahmen sie eine jeweils eigene Entwicklung. Spoleto ging nach einem kurzen päpstlichen Interregnum in die Hand fränkischer Großer als Herzöge von Karls Gnaden über, während Benevent, angelehnt an den byzantinischen Süden und militärisch nicht zu erobern, de facto unabhängig blieb, auch wenn der Herzog für Jahrzehnte einen Treueid ablegen und hohe Tribute zahlen musste. Als Ausgleich wusste sich Karl wie anderswo auch kirchliche Stützpunkte seines Einflusses zu verschaffen: so etwa das Bistum Benevent als Parteigänger oder im Spoletinischen die mächtige Abtei Farfa. Capua bildete schließlich den südlichsten Punkt seines wahrhaft europäischen Itinerars, das Karl über Rom und Montecassino 787 in diese Herzogsstadt geführt hatte.

Der heidnische Nachbar: Die Sachsen

Lag die Eroberung und Integration des Langobardenreichs letztlich in der außenpolitischen Konsequenz des auf Dauer angelegten Bündnisses zwischen Papst und König – ohne eigene, institutionalisierte Herrschaft jenseits der Alpen war die erbetene Schutzfunktion nicht zu übernehmen –, so ist das militärische, dann verstärkt politisch-administrative Ausgreifen Karls über den Rhein in östlicher Richtung zunächst als Versuch zu begreifen, erneut das

Machtpotenzial der Franken nach dem erfolgreichen Zug über die Loire nach Aquitanien zu zeigen und das kriegerische Charisma des jungen Königs zu bestätigen, wohl auch, um häufigen Grenzüberfällen ein Ende zu bereiten. Aus dieser 772 angesagten sächsischen Expedition, die zunächst Papsttum und Langobardenreich in den Hintergrund treten ließ, wurde eine mit aller Härte und Verbissenheit auf beiden Seiten geführte Auseinandersetzung, die Karls Intimus Einhart mit Worten kommentiert, in denen das Geschehen noch nachbebt: «Keiner [der Kriege] war langwieriger und grausamer und für das Frankenvolk mühseliger», und «mit großer Feindseligkeit auf beiden Seiten wurde der Krieg geführt, dreiunddreißig Jahre fortdauernd, freilich mit größerem Schaden für die Sachsen als für die Franken». Beide Völker standen seit langem als Nachbarn in ständigen Kontakten, die auch kleinen Grenzverkehr und Warentausch mit sich brachten; ein Dutzend fränkischer Feldzüge verzeichnen die Annalen; seit 753 zahlten die Sachsen einen Tribut mit 300 Pferden statt wie zuvor mit einer gleichen Anzahl Rinder. Hierin liegt ein Hinweis auf sächsische Pferdezucht und zugleich auf die Bedeutung der Reiterschwadrone Karls, deren Kampfesweise die Zeitgenossen als eisenstarrende Phalanx rühm-

Sachsenkriege 772–804

772 Die Franken erobern die Eresburg
773/74 Die Sachsen zerstören die Eresburg und Fritzlar
775 Die Franken erobern die Hohensyburg; Verhandlungen an der Oker
776 Die Sachsen erobern die Eresburg; Gründung der Pfalz Paderborn; Massentaufe von Sachsen
777 Paderborn: Erster Reichstag in Sachsen
778 Zerstörung von Paderborn (Widukind)
779 Sieg der Franken bei Bocholt
780 Reichstag an den Lippequellen; Massentaufen an Oker und Ohre
782 Niederlage der Franken am Süntel; «Blutbad von Verden»; Besatzerstatut
784 Karl im Winter auf der Eresburg
785 Zug Karls bis zur Elbmündung; Reichstag zu Paderborn; Taufe Widukinds in der Pfalz Attigny
789 Bremen als erstes sächsisches Bistum
792 Aufstände in Nordelbien und in Ostfriesland
795 Aufstände in Wigmodien (Unterelbe-Unterweser), Bardengau/Transelbien
796 Deportationen von Sachsen aus Wigmodien
797 Abmilderung des Besatzerstatuts («Capitulare Saxonicum»)
802/04 Aufzeichnung der «Lex Saxonum»
804 Ende der Sachsenkriege; Rückführung sächsischer Geiseln

Kämpfende fränkische Reiter und Belagerung einer Stadt. Aus dem «Buch der Makkabäer», St. Galler Handschrift aus dem frühen 9. Jahrhundert

ten. Sachsen und Franken wussten sich unterschiedlichen Welten und damit Weltdeutungen zugehörig. Zwar hatte die Friesenmission in der ersten Hälfte des 8. Jahrhunderts auf sächsisches Gebiet ausgestrahlt, die beiden Ewalde, Lebuin und Willehad, waren – wenn auch mit spärlichem Erfolg – Verkünder der christlichen Frohbotschaft gewesen. Die Sachsen blieben in ihrer Masse gegen die neue Heilslehre resistent; feindliche Übergriffe von beiden Seiten gehörten zum Alltag. Karl hatte sich vermutlich die Befriedung der Sachsen als eine rasch lösbare und daher leichte Aufgabe vorgestellt. Es kam ganz anders, wie wir wissen. Die Aufsplitterung dieses Volkes in mehrere ethnische Sonderungen, nach der geographischen Lage ihrer Siedlungsgebiete als Westfalen, Ostfalen und Nordalbingier bekannt, zu denen in der Mitte die Engern, im Elbe-Weser-Dreieck die Wigmodier und an der östlichen Peripherie elbnah noch die Bewohner des Bardengaus hinzutraten, ließ jedwede Absprache mit den jeweiligen Großen eines «Schwarms» zu einer bloßen Teilübereinkunft werden, ohne Verpflichtung für die anderen Clans und ihre Gefolgschaften. Den Sachsen fehlte die institutionelle Spitze im Königtum, dessen Entscheidungen kollektiv vollzogen wurden. Zu diesen Schwierigkeiten, die sich aus der «Verfassung» und dem scharf abgegrenzten ständischen Recht der Sachsen ergaben, trat als gleichsam ideologische Komponente der regional ausgeformte Götterglaube mit Ahnenkult und Begräbnissitten, der dem christlichen Monotheismus und seiner Allgültigkeit als wesentlich jenseitig orientierte Heilslehre schroff gegenüberstand. Die Bücher des Alten und Neuen Testaments galten eher als magische Waffe denn als heilige Texte. Angesichts der fränkischen Angriffe bedurfte es freilich keineswegs einer abwägenden «theologischen» Diskussion: Das Christentum stand als Vehikel der Unterdrückung unter dem Generalverdacht der Sachsen, während die Franken den andauernden sächsischen Widerstand als boshaftes Festhalten am Unglauben, ja als Teufelswerk interpretierten, den (späteren) Abfall vom Evangelium gar quasi anthropologisch als angeborenen Defekt interpretierten.

Altsächsische Abschwör- und Taufformel (wohl aus dem ausgehenden 8. Jahrhundert)

Forsachistu diabolae? et respondeat (und er antworte): ec forsacho diabolae.
end allum diobolgeldae? respondeat: end ec forsacho allum diobolgeldae.
end allem dioboles vvercum? respondeat: end ec forsacho allum dioboles vvercum and vvordum, thunaer ende woden ende saxnote ende allum them unholdum the hira genotas sind.
gelobistu in got alamehtigan fadaer? ec gelobo in got alamehtigan fadaer.
gelobistu in crist gotes suno? ec gelobo in crist gotes suno.
gelobistu in halogan gast? ec gelobo in halogon gast.

MGH Cap. I, Nr. 107, S. 222

Die Auseinandersetzung eskalierte nach wenigen Jahren. Standen zunächst Grenzbefriedung und Grenzsicherung im Vordergrund von Karls Maßnahmen, so wurden diese durch Zwangstaufe und Unterwerfung ganzer Landstriche als Voraussetzung einer völligen Integration Sachsens in das fränkische Reich abgelöst. Den Widerspenstigen drohte gar die physische Vernichtung.

Die feindlichen Aktionen begannen im Sommer 772 nach einer auf einem Reichstag angesagten Heerfahrt in der Tradition des Bonifatius, des «Apostels der Deutschen», mit einem Paukenschlag. Hatte dieser dereinst die Donareiche im hessischen Geismar gefällt als Zeichen seines Sieggottes über heidnischen Baumzauber, so zerstörte Karl nach der Eroberung der Eresburg an der Diemel (Obermarsberg) die Irminsäule, ein Heiligtum der Sachsen. Diese war offenbar aus einem Holzblock geschlagen, eine Art Totempfahl, errichtet in einem sakralen Bezirk. Die überrumpelten Sachsen stellten Geiseln und beschworen ihr künftiges Wohlverhalten. Damit schien der fränkische Erfolg abgesichert: Ein Irrtum, wie sich rasch herausstellen sollte. Die Sachsen – wir wissen nicht genau, um welche «Schwärme» es sich handelte – nutzten die Abwesenheit des fränkischen Heeres 773 in Oberitalien, zerstörten die von den Franken befestigte Eresburg, berannten die als Bistumssitz vorgesehene Büraburg und verbrannten auf ihrem Zug das hessische Fritzlar bis auf die Kirche. Der König, Mitte 774 aus Italien zurückgekehrt, organisierte mit einigem Erfolg einen Gegenangriff; die Lage blieb indessen gespannt. Im Lauf des Winters, in der damaligen Zeit angesichts der Witterungsverhältnisse und des schlechten Zustands der Karrenwege, soweit es die Straßen östlich des Rheins außerhalb des römischen Limes betraf, äußerlich eine Phase der Ruhe, beschlossen der König und seine Berater eine weitere Stufe der Eskalation: Die Sachsen wurden vor die Alternative gestellt, entweder den Christenglauben, den Glauben der Franken mithin, anzunehmen oder ihren Untergang zu riskieren. Mit diesem harschen Entweder-oder verband sich offenbar die Einsicht, dass dauerhafte Pazifizierung der Sachsen ohne gleichzeitige Übernahme des Christentums nicht zu erreichen war. Erst der gemeinsame Glaube verbürgte ein friedliches Nebeneinander der Völkerschaften diesseits und jenseits von Rhein und Weser. Voraussetzung für diese Maßnahme war die Sicherung und Anlage von festen Stützpunkten als Burgen und Pfalzen im Feindesland: So wurde die Eresburg erneut ausgebaut, die Hohensyburg erobert und die «urbs Karoli», die «Karlsstadt», als erster Königssitz an den Quellen der Pader angelegt. Massentaufen und die Unterwerfung zahlreicher «Schwärme» bestätigten die Richtigkeit dieses Vorgehens. Im Vollgefühl des Sieges, der scheinbar schon das Schicksal der Zwangsbekehrten besiegelte, fand bereits 777 in Paderborn, auf sächsischem Boden, eine üppig besuchte Reichsversammlung statt, die zugleich die beginnende Integration Sachsens in das fränkische Reich anzeigte. Die politischen Machtverhältnisse – Herrschaft der Adelsfamilien, der «warlords» – blieben erhalten, die sozialen und ökonomischen Strukturen bestanden ohnedies fort. Im Schatten der Unterwerfung zeigten sich Ansätze zur Taufmission; so ist der Angelsachse Willehad, ein Nachfahr des Bonifatius und anderer über See angelandeter Missionare auf dem Kontinent, gegen 780 im Unterelbe-Unterweser-Dreieck nachzuweisen, während in den südlicheren Gefilden insbesondere das hessische Kloster Fulda die geistliche Last der Evangelisation trug.

Der friedliche Anschein trog: Das Jahr 778 nutzten die Sachsen, angeführt von dem westfälischen Häuptling Widukind, der dem Paderborner Treffen bezeichnenderweise fern geblieben war und sich zu den Dänen geflüchtet hatte, zu Abfall und Gegenschlag. Den allgemeinen Kriegsbräuchen dieser Zeiten entsprechend, drangen die Aufrührer brennend und mordend an den Rhein bis Deutz, Köln gegenüber, vor und erreichten auf dem rechten Rheinufer die Höhe von Koblenz am Zusammenfluss von Rhein und Mosel. Ohne Schiffe konnten sie nicht übersetzen. Paderborn, die «urbs Karoli», wurde damals zerstört.

Der Gegenangriff des Königs, ruhmlos und mit einer Niederlage von seinem Feldzug in die spanische Grenzmark heimgekehrt und durch diese offene Rebellion der Sachsen in die vielleicht schwerste Krise seiner Herrschaft getrieben, ließ nicht lange auf sich warten. Streifzüge führten das fränkische Heer in den kommenden Jahren bis an die Oker, ja noch weiter östlich bis an die Ohre. Die Eskalation erreicht 782 eine neue Stufe: Sachsen wird auf einer gewaltigen Heerschau zu Lippspringe dem Reich Karls einverleibt und mit der fränkischen Grafschaftsverfassung, wenn auch keineswegs flächendeckend, überzogen. Als Grafen finden vor allem einheimische Große, Kollaborateure, Verwendung. Um diese Ordnung juristisch abzusichern, erließ der König ein strenges Besatzerstatut, die «Capitulatio de partibus Saxoniae». Widerstand gegen Kirche, Klerus, Kult und fränkische Besatzung, die Ausübung heidnischen Brauchtums werden mit harten Sanktionen, häufig mit der Todesstrafe, geahndet; Kirchenbau und -ausstattung wird den Sachsen zwingend vorgeschrieben, die Zehntung auf alle Erträge verbindlich gemacht, den Priestern eine Art Oberaufsicht zugewiesen. Im Zentrum der Gebote stehen die

Sonntagsheiligung, der Verzicht auf den Verzehr von Pferdefleisch und die Auflassung bisheriger, also heidnischer Begräbnisplätze.

Von Evangelisation war nicht die Rede; es galt allein die bedingungslose Unterwerfung unter das angeblich sanfte Joch Christi. Eine sächsische (!) Quelle des 9. Jahrhunderts bezeichnet Karl – ohne negativen Akzent! – als «Prediger mit der eisernen Zunge», der teils mit Waffen, teils mit Geschenken das Christentum in Sachsen heimisch gemacht habe.

Auszüge aus dem Besatzerstatut
Sterben soll, wer die vierzigtägigen Fasten in Verachtung des christlichen Glaubens vor Ostern bricht und Fleisch ißt.
Todesstrafe erleidet der, der vom Teufel getäuscht, nach heidnischer Sitte glaubt, irgendein(e) Mann oder Frau sei Hexe und Menschenfresser.
Wir befehlen, daß die christlichen Sachsen in den Kirchhöfen und nicht auf heidnischen Grabhügeln bestattet werden.
Wir untersagen, daß die Sachsen insgesamt Stammesversammlungen abhalten.
MGH Cap. I, Nr. 26, S. 68 ff.

Ernsthafte Kritik an dieser «vierschrötigen Praxis» kam indessen kaum auf. So beklagte – allerdings erst 796 – Karls Mentor und Vertrauter, der Angelsachse Alkuin, in einem Brief an seinen König, als es um die Mission der besiegten Awaren ging, die Methoden der Sachsenbekehrung und warnte vor einer Wiederholung des Experiments, das vor allem wegen der Zehnteintreibung misslungen sei: «Wie können wir den Nacken der Unwissenden ein Joch auferlegen, das weder wir noch unsere Brüder ertragen können? [...] Wir wissen, daß die Zehntung unseres Vermögens wirklich gut ist; aber besser ist es, jene zu verlieren, als den Glauben zu verlieren. Wir aber, die wir im katholischen Glauben geboren, erzogen und belehrt worden sind, stimmen kaum zu, daß unser Vermögen zur Gänze gezehntet wird; um wieviel mehr wird der zarte Glauben, die kindliche Vernunft und der geizige Sinn sich dieser Spende verweigern?» Mutige Worte!

Das biblische Gebot der Zehntung musste den freien Sachsen als Tribut erscheinen, den sie als Unterworfene dem Eroberer und seinem Gott zu leisten hatten, nicht aber als allgemeine statusneutrale Spende zur Unterhaltung oder Errichtung von Kirchen und zur Ausübung christlicher Barmherzigkeit.

Das Jahr 782 steht sogleich für eine weitere Verschärfung des Konfliktes zwischen Sachsen und Franken. Damals erhoben sich, vielleicht als Antwort auf das Besatzerstatut, in den nordwestlichen Regionen, nämlich zwischen Hunte und Hase, in Ostfriesland, im Largau an der Unterweser, selbst in Dithmarschen, die Einwohner. Es kam zu Christenverfolgungen, so auch in Bremen, das in diesem Zusammenhang erstmals erwähnt wird. Ein stattliches fränkisches Aufgebot im Gegenangriff, geführt von einem erfahrenen Troupier und zwei eitlen Hofchargen, holte sich am Süntel eine schwere Niederlage: Die Höflinge handelten voreilig auf eigene Faust, um selbst den Sieg davonzutragen, und fanden dabei den Tod.

Problematik der Sachsenmission
Alkuin, Mentor Karls, an den Hofmann Meginfred (nach 796):
Der Glaube ist eine Sache der Freiwilligkeit, nicht des Zwanges. [...] Wenn man das sanfte Joch Christi und seine leichte Last dem störrischen Sachsenvolk mit solcher Beharrlichkeit predigte, mit der man die Zehnten eintreibt und strengste Bußen für kleinste Vergehen gegen das Edikt fordert, dann würden sie vielleicht das Sakrament der Taufe nicht verabscheuen. Sollten doch endlich die Lehrer des Glaubens von den Beispielen der Apostel lernen; sie sollen Prediger sein, nicht Plünderer!
MGH Epp. IV, Nr. 111, S. 159f.

Auf diese Nachricht hin – es war bereits Herbst, das Heer wie üblich entlassen – raffte Karl, voller Zorn, in aller Eile die erreichbaren Kräfte zusammen und zog in Eilmärschen in das Zentrum des Widerstands in Richtung Weser-Aller-Dreieck. Hier bei Verden kam es zu dem berühmt-berüchtigten «Blutbad», das bis in unsere Tage die Phantasie der Historiker reizt. Damals habe der König nach Auskunft der Reichsannalen an einem Tag nicht weniger als 4500 Sachsen, Anführer, Rädelsführer, hinrichten, gar köpfen lassen. Zu allen Zeiten, zumal im Mittelalter, sind Zahlenangaben mit größter Vorsicht zu behandeln, insbesondere in dieser «glatten» Größenordnung, die vor allem eine Abweichung vom üblichen Modus signalisiert. Die Gefangennahme von mehr als 4000 Kämpfern hätte auf beiden Seiten die Massierung riesiger Truppenkontingente vorausgesetzt. Dies lag jenseits der Möglichkeiten: Weder konnte Karl in der vorangeschrittenen Jahreszeit spontan Tausende von Franken aufbieten noch gar die Sachsen aus ihren bis heute relativ dünn besiedelten Regionen diese Scharen an Kämpfern zusammenziehen. Auch dürften die damaligen Möglichkeiten, Hinrichtungen durchzuführen, dergleichen Massenexekutionen nicht erlaubt haben, von den psychischen Folgen solcher Exzesse auf alle Beteiligten ganz zu schweigen. Die scheinbar so exakten Zahlen symbolisieren vielmehr einen drastischen Umschwung in der Behandlung des Gegners – eine weitere Stufe der Eskalation war erreicht. Statt sich wie bisher mit Unterwerfungsgesten, Schwüren und Geiselstellung für künftiges Wohlverhalten zu begnügen, führte jetzt ein drakonisches Strafgericht, das tatsächlich einigen Dutzend hochrangiger Sachsen das Leben gekostet haben dürfte, den Abtrünnigen Unnachgiebigkeit, Härte, ja Grausamkeit des fränkischen Königs vor Augen.

In zwei späteren offenen Feldschlachten, den einzigen, die Karl selbst in diesen jahrzehntelangen Kämpfen angeführt hat, wurden bei Detmold und Osnabrück sächsische Heere aufgerieben und zahlreiche Gefangene in die Francia geführt. Zwar konnten die Sachsen bis dahin mit ihrer Guerillataktik – Ausbruch und rascher Rückzug in sumpfiges Gelände oder Wald – militärische Vorteile erzielen, doch waren sie auf offenem Feld der fränkischen Reiterei als Fußkämpfer nicht gewachsen. Der Hauptwiderstand war seit der Mitte der achtziger Jahre des 8. Jahrhunderts gebrochen. Die Unterwerfung des «Guerillaführers» Widukind 785 in der alten Merowingerpfalz Attigny und seine Taufe als Patenkind des Königs setzten deutliche Zeichen. Mit der Taufe verschwindet der Held aus der Geschichte, sein Mythos als ein Karl ebenbürtiger Gegner wird bereits von der sächsischen Geschichtsschreibung des 10. Jahrhunderts gepflegt und überdauert die Zeiten bis heute – zumindest im bekannten «Lied der Niedersachsen». Widukinds Nachkommen, sein Enkel Waltbert und dessen Erben machen in fränkischen Diensten eine steile Karriere: Mit der Überführung der Gebeine des heiligen Alexander von

Widukind
Westfälischer Adliger, † nach 785, bedeutendster Anführer der sächsischen «Guerilla» gegen die gewaltsame Eingliederung der sächsischen Territorien zwischen Rhein und Elbe / Saale in das Frankenreich Karls. Erstmals 777 erwähnt, schürte Widukind von Dänemark aus den sächsischen Widerstand, der sich für Franken und Sachsen in gleichermaßen verlustreichen Feldschlachten 782 niederschlug. 784 unterwarf sich Widukind gegen ehrenvolle Behandlung dem König und wurde 785 in der Pfalz Attigny getauft, wobei Karl als Pate fungierte. Mit diesem Akt verschwindet Widukind aus dem Tagesgeschehen, wurde aber bereits in frühen sächsischen Geschichtsquellen zum ebenbürtigen Gegenspieler des großen Karl.

Rom in ihre geistliche Stiftung nach Wildeshausen im Jahr 851 schufen sie einen sakralen Mittelpunkt, der der Bremer Domkirche gefährlich zu werden drohte; Mitglieder der Familie sind später als Bischöfe von Hildesheim und Verden belegt, am Ausgang des 10. Jahrhunderts ist in Wildeshausen gar Kaiser Otto III. ihr Gast. Dieses Muster eines Aufstiegs gilt sicherlich für zahlreiche sächsische Adelsfamilien, auch für die später so genannten Ottonen: Übernahme von Aufgaben, zumal das Grafenamt, Königsnähe und Königsdienst verbürgten Machtzuwachs und Laufbahn in der geistlichen Hierarchie. Nicht von ungefähr zieht Einhart bereits nach einem Menschenalter den Schluss, dass Franken und Sachsen – nach Annahme des Christentums als Schlüssel für diesen Erfolg – ein Volk geworden seien. Der spätere Stellinga-(Stall-) Aufstand sächsischer Mittel- und Unterschichten gegen Mitte des 9. Jahrhunderts richtete sich bezeichnenderweise gegen fränkische Eroberer und einheimische «Edelinge» in gleicher Weise.

Die mit der Taufe Widukinds eingeleitete Ausgleichsphase führte noch nicht überall zu einer friedlichen Entwicklung: In den neunziger Jahren kam es erneut und wiederholt zu Aufstand und Abfall, vor allem in Wigmodien, dem We-

Widukind. Ursprünglich bemaltes Stuckrelief in der Stiftskirche zu Enger, wohl 3. Viertel des 12. Jahrhunderts

ser-Elbe-Dreieck. Hier brachen gar fränkische Herrschaft und kirchliches Leben zusammen. Das erst 789 begründete Bistum Bremen blieb bis 804 de facto verwaist. Münster, Osnabrück, Minden und Paderborn gewannen erst nach dieser Zeit als geistliche Sitze festere Strukturen und sicheren Halt. Karl antwortete auf diese regionalen Unruhen teils mit militärischen Angriffen, teils mit Bündnisangeboten an slawische Anrainer der Aufständischen, so an die Abodriten, denen er zumindest zeitweise transelbische Gebiete überließ, teils durch die Entvölkerung ganzer Landstriche im Austausch mit fränkischen Einwanderern. Die von Einhart genannten Zahlen von Deportierten – 10000 Menschen allein aus Wigmodien – dürften angesichts der geringen Bevölkerungsdichte dieser durch Überschwemmung gefährdeten Gebiete ins Reich der Phantasie gehören, auch wenn eine massive «Geiselnahme» durchaus anzunehmen ist. Jedenfalls zeugen etwa im Würzburger Raum und in Württemberg (und anderswo) Ortsnamen mit dem Bestandteil «Sachsen» für derartige Maßnahmen, in späteren Urkunden finden sich Reflexe auf Zwangsmaßnahmen dieser Art.

Wie sehr sich das Verhältnis zwischen Eroberern und Eroberten bereits «normalisiert» hat, spiegelt die Abmilderung des Sachsenstatuts im so genannten Capitulare Saxonicum Karls von 797, das die Sachsen rechtlich weitgehend den Franken gleichstellt und ihnen zugleich Grundsätze der Geldwirtschaft vermittelt. Dies zeigt auch die wenig spätere Aufzeichnung des sächsischen Stammesrechtes, die «Lex Saxonum». Karl konnte sich mittlerweile einiger Intimkenntnisse von Land und Leuten rühmen, ist er doch der einzige mittelalterliche König, der je an den Gestaden der Nordsee gestanden hat, so 797 bei einer Stippvisite im Lande Hadeln.

Erst in den letzten Jahren seiner Herrschaft geriet das transalbingische Territorium in das nähere Blickfeld Karls, als die Dänen unter ihrem aggressiven König Göttrik drohten, die Elblinie zu überrennen. Als Antwort errichtete Karl in Esesfeld-Itzehoe (Holstein) gegen 810 eine Befestigung und schuf mit der wenig späteren Entsendung eines Priesters in die Hammaburg – Hamburg – die Voraussetzung für die Missionierung der Gebiete jenseits der Elbe. Die expansive Politik der Dänen entpuppte sich zwar teils als Imponiergehabe, teils wurde sie durch Streit im eigenen Königshaus neutralisiert, ließ aber bereits die bedrohliche Stärke der «Nordmänner» und ihrer Raubzüge landeinwärts ahnen. Nicht von ungefähr forcierte Karl seit 808 an der Atlantikküste, zumal an den Strommündungen, den Schiffbau und richtete Küstenwachen ein.

Elbe und Saale wurden – und blieben – zur Zeit Karls die «nassen Grenzen» des fränkischen Imperiums zumindest nach Osten. Allenfalls Brückenköpfe oder flussnahe Befestigungen – etwa die Magdeburg oder Halle – sicherten nicht zuletzt im «kleinen Grenzverkehr» das Hinterland gegen feindliche Angriffe. Zwar fanden Expeditionen über die Elb-Saale-Linie statt, die bis nach Böhmen hinein führten, eigentliches Mittel der Politik waren jedoch diplomatische Aktionen, die einzelne slawische Ethnien und deren gegenseitige Abneigung durch Absprachen zur Grenzsicherung (und zum Handelsverkehr) nutzten. Das fränkische Imperium hat im eigenen wohlverstandenen Interesse an diesen Flüssen Halt gemacht und weder Landgewinn noch Missionierung

Stirnseite des Karlsschreins in Aachen, um 1165–1215. Rechts vom thronenden Karl Papst Leo III., zu seiner Linken Erzbischof Turpin von Reims

betrieben. Bewusste Begrenzung ist Teil des erfolgreichen «außenpolitischen» Instrumentariums Karls.

Mit der klugen Beschränkung auf die Unterwerfung und Einverleibung der Sachsen in das Großreich ist damals zugleich die Grundlage für das spätere ostfränkisch-sächsische Regnum gelegt worden, das bereits nach 843 – Vertrag von Verdun – in der langen Phase der Herrschaft Ludwigs «des Deutschen» († 876) feste Konturen annahm. Das spätere Deutschland – die «tiutschen lande» – ist ohne die Einbeziehung Sachsens als Kernzone zwischen Rhein und Elbe in der Karlsepoche nicht denkbar. Es war von erheblicher Bedeutung, dass die nassen Grenzen zwischen West und Ost grosso modo auch eine Sprachgrenze über alle unterschiedlichen Dialekte und Sprachstufen hinweg bildeten, auch wenn der Rhein linksseitig und die Mosel breite Zonen sprachlicher Überlappung nach Westen aufwiesen. Das Romanische, aus vulgärlateinischer Wurzel entstanden, hatte sich hier zur Umgangssprache entwickelt, östlich von Rhein und Main dominierten Vorstufen des späteren Niederdeutsch und oberdeutsche Dialekte, die erst nach langen Jahrhunderten eine gemeinsame Hoch- und Schriftsprache ausformten. Die berühmten Straßburger Eide von 842 nahmen bereits die Teilung des Karlsreiches in Ost und West sprachlich vorweg.

Niederlage und Mythos: Roncesvalles und Roland

Karls erste Begegnung mit der muslimischen Welt endete in einem militärischen Desaster: Der Name Roncesvalles steht für dieses Ereignis aus dem Jahr 778. Die Vorgeschichte in Kürze: Im Osten des islamischen Kalifats, das bis zum Ende des 7. Jahrhunderts sowohl das ehemalige Sassanidenreich der Perser als auch die östlichen und südlichen Küsten des Mittelmeeres sowie den fruchtbaren Halbmond Nordafrikas erobert hatte und 711 auf die Iberische Halbinsel übergesetzt war, herrschte nach einer blutigen Fehde mit den Omaijaden seit 750 die Dynastie der Abbasiden. Diese hatten mit der Neugründung Bagdads das Zweistromland zwischen Euphrat und Tigris zur Kernregion des Reichs gemacht und damit den Schwerpunkt von Damaskus weit ins Landesinnere verlegt. Bereits 765 war es zu ersten Kontakten zwischen dem

Kalifat und Karls Vater gekommen, die freilich mit dem Tod Pippins drei Jahre später endeten. Möglicherweise suchte der Kalif – es war damals al-Mansur, der Vater des berühmten Harun-ar-Raschid – die Franken zu einem Bündnis gegen die gestürzten Omaijaden zu gewinnen, deren verbliebenen Mitgliedern es gelungen war, in Süd- und Mittelspanien – al Andalus – die Reste des westgotischen Reichs zu beseitigen und wenig später das Emirat von Córdoba zu gründen. Das aufsteigende Emirat war insbesondere durch Eigenmächtigkeiten der Statthalter im Ebrotal gefährdet, die sich dem Zugriff der entfernten Zentrale zu entziehen suchten und dabei nach Verbündeten Ausschau hielten. So waren 777 Gesandte der Machthaber von Gerona und Barcelona auf dem Reichstag in Paderborn erschienen und hatten Karl zu einem Kriegszug jenseits der Pyrenäen überredet, der zumindest eine Stärkung fränkischen Einflusses auf die Grenzregion über das küstennahe Narbonne hinaus versprach. Auch eine Vertiefung der Kontakte zum Königreich Asturien im Nordwesten Spaniens südlich des Gebirges als letzter christlicher Bastion auf der Iberischen Halbinsel war zu erwarten und nicht zuletzt eine Zähmung der Basken, eines Volkes, das diesseits und jenseits der Pyrenäen siedelte (und siedelt), in Navarra und in der nach ihnen benannten Gascogne. Sie zeichnen sich bis heute durch eigene Sprache, Kultur und unbändigen Freiheitswillen aus.

Wesentliche Antriebskräfte für diese wenig durchdachte und schlecht vorbereitete Unternehmung Karls im Jahr 778 dürften freilich die Aussicht auf große Beute und schiere Abenteuerlust gewesen sein. Zwei Heeressäulen rückten vor, die eine, zu der auch Bayern und Langobarden (!) zählten, wählte den Weg an der Küste über Narbonne und Saragossa, die andere mit dem König an der Spitze durchquerte Aquitanien und ging über den Pass von Ibenuta, an dessen Fuß Roncesvalles liegt, in Richtung Ebro. Der Empfang jenseits des Gebirges war alles andere als ermutigend. So war vor dem Weitermarsch auf Saragossa Pamplona, der Vorort des zu Asturien zählenden Navarra, zu erobern. Am linken Ufer des Ebro vereinigten sich beide Heere, Saragossa konnte nicht besetzt werden, auch an eine Übergabe der Stadt war nicht zu denken, lediglich einige hochmögende Geiseln für künftiges Wohlverhalten wurden von der Stadtobrigkeit gestellt. Das Bündnis der gegen den

Roland spaltet den Fels in Roncesvalles und stößt in sein Horn. Szene vom Karlsfenster der Kathedrale in Chartres, 1200–1230/35

Emir von Córdoba opponierenden Statthalter zerfiel, bevor es hatte Wirkung entfalten können. Der fränkische Einmarsch geriet ohne spektakulären Sieg und ohne Beute zum Fiasko für die Beteiligten. Die zeitgenössischen offiziösen fränkischen Quellen behandeln daher die ganze Angelegenheit mit Delikatesse und Vorsicht; erst Einhart wagt es nach langen Jahrzehnten des Schweigens, Details des missglückten Unternehmens mitzuteilen.

Auf dem Rückweg nämlich ereilten Tross und Nachhut auf der Passhöhe von Roncesvalles Rache und Beutegier der Basken. Diese stürzten sich, geländekundig und leicht bewaffnet, von den Bergen auf die in langer Reihe beladen und schwer bewaffnet Dahinziehenden, machten sie nieder, plünderten das Gepäck und verschwanden in der Dunkelheit der Nacht – eine geradezu klassische Guerillaaktion. Dabei fielen drei hohe Chargen, unter ihnen der Markgraf der bretonischen Mark, Hruodland, der Roland des gleichnamigen Liedes. Nach Auskunft des arabischen Chronisten Ibn-al-Athir hätten die Söhne des wankelmütigen Statthalters von Saragossa, deren Vater unter den Geiseln gewesen sei, diesen befreit und den Franken die militärische Schlappe beigebracht.

Der Eindruck dieses Geschehens auf König und Hauptheer muss niederschmetternd gewesen sein. Noch Napoleon wusste, dass zwar legitime Könige unbeschadet Schlachten verlieren dürfen, nicht aber Emporkömmlinge! Die später überarbeitete Fassung der so genannten Reichsannalen teilt vielsagend mit: «Dieser Verlust überschattete wie eine Wolke im Herzen des Königs einen großen Teil der spanischen Erfolge.» Ein offenkundiger Euphemismus: Weder waren politische Erfolge erzielt worden, noch konnten die Basken jemals im Kampf gestellt werden.

Karl zog aus diesem Missgeschick mehrfache Konsequenzen: In Zukunft ließ er sich auf derartige Improvisationen nicht mehr ein, militärische Verwicklungen mit den Muslimen sind unter seiner Leitung nicht mehr festzustellen, kriegerische Aktionen in Reichweite werden durch diplomatische Beziehungen zum östlichen Kalifat mehr als wettgemacht. Aquitanien mit der Gascogne als Grenznachbar zu Asturien und dem Emirat geht 781 als Königreich in die – wenn auch beschränkte – Verfügungsgewalt seines Sohnes Ludwig über, nachdem Karl die politisch-militärische Infrastruktur der Region gestärkt hatte. Der fränkische König scheute offenbar eine weitere Konfrontation mit den unzuverlässigen Statthaltern am Ebro. Im Vordergrund seiner auf den Süden zielenden Politik stand die Integration Aquitaniens ins fränkische Reich. Dieser kam für die Herausbildung Frankreichs die gleiche Bedeutung zu wie der Einbeziehung der Regionen östlich des Rheins bis zur Elb-Saale-Grenze für das Imperium und die späteren «tiutschen lande».

Das Verhältnis zum Königreich Asturien gestaltete sich trotz der prestigemindernden Schlappe durchaus günstig. Jedenfalls erfahren wir aus der Karlsbiographie Einharts, dass König Alfons «der Keusche» sich gar als «sein [Karls] Eigen» bezeichnete und damit eine gewisse Vorrangstellung des fernen Großkönigs anerkannte. Zwar nahm Karl selbst Glaubensflüchtlinge aus dem spanischen Grenzland in Aquitanien auf, die so genannten Aprisionäre, die – auf herrenlosem Land angesiedelt – dem Königtum zu besonderen Diensten verpflichtet waren, Missionsversuche und Proselytenmacherei jenseits der Pyrenäen blieben indessen aus. Die Politik Karls machte an Gebirgen und nassen Grenzen Halt.

Von welthistorischer, vor allem kulturgeschichtlicher Bedeutung wurde die Episode von Roncesvalles freilich erst durch die spätere Umdeutung der Ereignisse von 778 im Zeitalter von Reconquista und Kreuzzügen als Glaubenskampf Karls und seiner Paladine, Roland an erster Stelle, gegen die Muslime im «Rolandslied», der ersten Chanson de geste, die das hoch- und spätmittelalterliche Bild von Karl dem Großen entscheidend geprägt hat. Der Franke wird zum Kriegshelden und Heiligen von europäischem Format, sichtbar etwa im berühmten Karlsfenster der Kathedrale von Chartres.

Der Sturz Tassilos: Bayern wird fränkische Provinz

Es mag zunächst erstaunen, die Beziehungen des fränkischen Herrschers zu Bayern unter dem Stichwort «Außenpolitik» eingeordnet zu finden, ist doch Bayern seit alters ein Schwergewicht unter den «tiutschen landen» des mittelalterlichen Imperiums. Tatsächlich galt es damals noch, das bayerische Herzogtum dem fränkischen Kernreich zu- und unterzuordnen. Bayern zählte zu den Amtsdukaten aus merowingischen Zeiten, die nicht zuletzt im Niedergang der ersten fränkischen Königsdynastie einen quasiautonomen Status errungen hatten. Bereits unter der Führung der arnulfingisch-pippinidischen Hausmaier setzte eine energische Beschneidung, ja Beendigung dieser herzoglichen Machtausübung mit Ausnahme Bayerns ein. So wurde Thüringen – seit etwa 630 fränkischer Dukat – nach dem gewaltsamen Ende der Würzburger Hedene (benannt nach dem Leitnamen Heden) 717–719 der Zentralgewalt unterworfen, das agilolfingische Herzogtum Alemannien fand nach gut 100 Jahren 746 auf dem Cannstatter Gerichtstag sein Ende. 768 und wenig später war es mit der Selbständigkeit der aquitanischen Herzöge vorbei. Das Herzogtum als Instanz zwischen Königtum und örtlichen Instanzen verschwand, die überschau- und lenkbare Grafschaftsverwaltung ersetzte weithin übergreifende staatliche Regionalstrukturen. Italien und Aquitanien als neu geschaffene Außenregna wurden unter der Königsherrschaft der Söhne Karls seit 781 in eine gewisse Eigenständigkeit entlassen; diese entsprach nicht nur ihrer Bedeutung, sondern passte auch zum fragilen Kommunikationssystem dieser Epoche auf allen Ebenen, zumal angesichts der riesigen

Dimensionen des Frankenreichs. In Mittel- und Süditalien, in Spoleto und Benevent, musste sich Karl mit der Fortexistenz des Herzogtums abfinden, da seine Kräfte nicht ausreichten, den Status quo und damit die politischen Machtverhältnisse nachhaltig zu verändern. In Spoleto wurden aber königstreue Anhänger eingesetzt, in Benevent verstand sich Karl zu einem politischen Agreement, das den Herzog – zunächst Arichis, ein weiterer Schwiegersohn des gestürzten Langobardenkönigs Desiderius – zur Stellung von Geiseln, darunter ein Königssohn, zu einem Treueid, den auch das Volk zu leisten hatte, und zur Zahlung von jährlich 7000 Goldsolidi verpflichtete. Diese Übereinkunft war nicht von Dauer; der Nachfolger des Arichis, Romuald, den Karl selbst in Benevent 788 eingesetzt hatte, orientierte sich spätestens 791 nach seiner Heirat mit einer byzantinischen Prinzessin wieder nach Osten. Fränkische Kriegszüge im letzten Jahrzehnt des 8. und im ersten Jahrzehnt des 9. Jahrhunderts blieben erfolglos – Benevent erwies sich auf Dauer als bezogen auf Byzanz und damit das Mittelmeer. Immerhin bot die intendierte staatsrechtliche Anbindung der langobardischen Herzogtümer an das Karlsreich eine politische Alternative zur Beseitigung ihrer Selbständigkeit und ihrer völligen Einbeziehung in den Gesamtverband. Benevent wurde aber kein Muster für die Behandlung des Herzogtums Bayern.

Dieser Dukat hatte spätestens seit den Tagen des Herzogs Theodo († 717/18), der sein Regnum wie ein König unter seinen beiden Söhnen aufteilte, eine unabhängige Stellung errungen. Der Amtscharakter des Herzogtums war dem Bewusstsein entschwunden, die doppelte Verwandtschaft mit den aufsteigenden Hausmaiern hatte die Behauptung einer Gleichrangigkeit trotz fehlenden Titels gestärkt. Karls gleichnamiger Großvater mit dem Beinamen Martell war mit der Agilolfingerin Swanahild liiert und Karls Tante Hiltrud, Pippins III. Schwester, mit Herzog Odilo, dem Vater Tassilos, vermählt, sodass der 741 geborene Erbe, eben Tassilo, und Karl Vettern waren. Hinzu kam die Herrschaft über die bayerische Kirche, von Bonifatius in vier Bistümern – Regensburg, Freising, Passau und Salzburg – organisiert, der noch eine zusammenfassende Leitung fehlte. Damit konnte sich die Machtfülle des Herzogs auf kirchlichen Synoden von der Mitsprache zum Führungsanspruch steigern. Außenpolitische Erfolge traten hinzu, so mit der Einheirat Tassilos in die Familie des Langobardenkönigs, so mit der Gevatternschaft Papst Hadrians I. als Taufpate des jungen Herzogssohnes Theodo am Pfingstfest 772, die auch als sichtbare Anerkennung des bayerischen Sieges über die heidnischen Karantanen im Vorjahr interpretiert werden konnte. Auch die Gründung des grenznahen Kremsmünster (Oberösterreich) in diesen Jahren setzte als Rodungs- und Evangelisationszentrum zu den Slawen und Karantanen im Südosten ein bedeutsames Zeichen der Herzogsgewalt.

Die bayerischen Beziehungen zur neuen fränkischen Königsdynastie hatten sich abwartend-freundlich gestaltet; Pippin III. war nach dem Tod Herzog Odilos 754 für die Interessen seines Neffen Tassilo eingetreten und hatte damit die Ambitionen seines Halbbruders Grifo aus der Ehe Karl Martells mit Swanahild auf das Herzogtum beschnitten. Tassilos Teilnahme am zweiten Italienzug von Karls Vater Pippin 756 verstärkte das politisch-familiäre Bündnis. Die Politik von Karls Mutter Bertrada, der Königinwitwe, nach 768 rief vorübergehend sogar einen «Dreibund» aus Franken, Bayern und Langobarden ins Leben. Auch nach dessen Aufkündigung 771 blieb das Verhältnis der Vettern zu einander offenbar ungetrübt – jedenfalls nahm eine bayerische Abordnung 778 an dem missglückten Spanienabenteuer Karls teil. Bayern war übrigens weder 742 noch 768 Objekt der fränkischen Reichsteilungen gewesen.

Als Karl die Herrschaftsstrukturen seines Reichs neu gestaltete und 781 in Rom zwei Außenregna errichtete, in denen Königssöhne als «Mittelgewalten» in Italien und Aquitanien fungierten, geriet auch der autonome Dukat Bayern mehr und mehr in das Blickfeld des Königs. Das Herzogtum bildete mit seinen Passstraßen, insbesondere dem Brenner, und seinen Besitzungen bis Bozen einen Sperrriegel zwischen der Nord- und Südseite des Alpenkammes. Karl wusste Hadrian I. für seine Interessen einzunehmen, der auf weitere «Restitutionen» hoffte. Damit war Tassilo politisch eingekreist. Nach einer Übereinkunft von König und Papst 781 in Rom wurde er von einer gemischten Delegation zu Wohlverhalten und zu einem Treffen mit dem König aufgefordert, das noch im gleichen Jahr in Worms zustande kam. Karl stellte Geiseln für die Sicherheit des Herzogs – Tassilo wurde wie eine «auswärtige

Macht» behandelt. Der Agilolfinger überbrachte «große Geschenke» als Zeichen seiner Loyalität und bekam den gewünschten «Abschied» – Gesten, die zugleich Annäherung und Zuordnung signalisierten, wozu auch die Stellung von hochrangigen Geiseln gehörte. Die Übereinkunft mit Benevent mag für dieses Procedere ein Beispiel gegeben haben. Karl genügte dieser fragile Schwebezustand freilich nicht. Auf seinem dritten Romzug 787 wird im fränkischen König, wiederum nach Gesprächen mit dem Heiligen Vater, der Entschluss gereift sein, dem Außenregnum Bayern als autonomem Gebilde ein Ende zu bereiten, Tassilo und seine Familie politisch zu vernichten. Dazu bedurfte es aber einer breit angelegten Koalition fränkischer Großer, bayerischer Mitverschwörer und des römischen Papstes als höchster geistlicher Autorität, vor allem aber eines bis dahin in dieser subtilen Ausprägung unbekannten Mittels: der «Öffentlichkeitsarbeit». Diese musste weit über die sonst übliche Herrschaftspropaganda in Form von Umritten und Heerschau, Audienzen und Gerichtssitzungen, Festgottesdiensten und Taufakten hinausgehen, um das Publikum zu überzeugen. Bayern ließ sich nicht mehr allein militärisch wie Alemannien oder Aquitanien erobern und seiner angestammten Führung berauben. Hierzu waren jetzt feinere Methoden erforderlich, eine vorwiegend juristisch-historische Beweisführung für die Richtigkeit des eigenen Tuns durchaus angebracht. Dazu versicherte sich Karl einer Vorform der modernen Medien, der in Kontakt mit dem Hof geführten offiziösen Annalistik, der «fränkischen» Jahrbücher. Die so genannten Reichsannalen, in dem fraglichen Abschnitt zwischen 788 und spätestens 794 verfasst und ihrem Namen entsprechend – Jahrbücher – in ihrer Berichterstattung von Jahr zu Jahr fortschreitend, fußen auf einer Art «Weißbuch» der Causa Tassilos, die bereits 788 vom König entschieden worden war. Davon wird noch die Rede sein.

Die Eskalation im Umgang mit dem bayerischen Herzog ging in Schritten vor sich, nachdem es Karl offenbar gelungen war, einen massiven Teil der bayerischen Großen – mit Aussicht auf künftige Wohltaten? – auf seine Seite zu ziehen. Ganz wesentlich dürfte hierbei die Mithilfe des neuen Bischofs von Salzburg, Arn, gewesen sein, der zwar Bayer von Geburt war, seine Karriere aber am Königshof gemacht hatte und danach Abt des bedeutenden flandrischen Klosters St. Amand gewesen war. So hält bereits das älteste Verbrüderungsbuch des Salzburger St. Petersklosters vor Juli 784 die Namen der fränkischen Königsfamilie fest, auch sind die Eintragungen in der neuen, wenige Jahre zuvor entwickelten Reformschrift, der so genannten karolingischen Minuskel, erfolgt, während die anderen bayerischen Skriptorien der Bistumssitze und Klöster weiterhin der älteren Kursive anhängen. Arn wurde in Anbetracht seiner Verdienste (und seiner Persönlichkeit!) gegen Ende des Jahrhunderts als Erzbischof von Salzburg auf Befehl Karls der erste Metropolit Bayerns.

Tassilo wurde von Rom aus 787 mit Abmahnungen unter Druck gesetzt und wegen Eidbruchs vor den König zitiert. Als er diesem Befehl nicht nachkam, rückte eine dreifache Heeressäule gegen Bayern vor, eine von Karl selbst befehligt, eine andere unter König Pippin, der aus der Poebene bis Bozen vordrang. Die militärische folgte der politischen Einkreisung. Dem Herzog blieb angesichts der aussichtslosen Lage nur, sich in die königliche Gewalt zu ergeben. Er wurde Vasall Karls und erhielt sein Herzogtum symbolisch und sichtbar mit einem Stab aus der Hand seines Vetters. Aus dem Loyalitätsverhältnis von 781 war ein Vasallitätsvertrag geworden, aus politischer Zuordnung eine rechtliche Unterordnung, der Herzog ein «Mann» des Königs, seines «Seniors», des Lehnsherren.

Damit hatte nach wenigen Jahrzehnten die Vasallität, ein ursprünglich auf niederem sozialem Level angesiedeltes Unterwerfungs-, ja Knechtsverhältnis, die höchste soziale Schicht erreicht und stand in Gegenwart und Zukunft als Mittel politischer und wirtschaftlicher Gestaltung zur Verfügung, das die Großen ohne Amt an das Königtum band und in späteren Zeiten generell als institutionelles Ferment der Gesellschaft vom Hochadel bis zu den Ministerialen diente. Das nachmalige Lehnswesen bot über Ämterhierarchie und verwandtschaftliche Bindungen hinaus ein vielfältiges Instrumentarium zur persönlichen Verklammerung der mittelalterlichen Herrschaftsträger. Damit schlug die Geburtsstunde des mittelalterlichen Feudalstaates. In diesem Kontext wohnt der frühen Vasallität des Bayernherzogs ein Moment von Revolution und Zukunft inne mit weitreichenden Folgen. Aus dem Außenregnum war ein «beneficium» geworden, ein dingliches

Substrat oder Objekt einer personalen Bindung. Aus «potestas» – rechtlicher Gewaltausübung – wird «ususfructus», ein bloßes Nutzungsrecht.

Bekräftigt wurde diese Unterwerfung durch einen Treueid, vielleicht mit öffentlichem Handgang, dem ursprünglichen Verknechtungsritus, der in der Gebetsgeste der gefalteten Hände bis heute weiterlebt. Hinzu trat die erneute Stellung von Geiseln, an deren Spitze Tassilos Sohn Theodo stand.

Der Herzog, nicht zuletzt seine Frau, die hochgeborene Liutperga als Königstochter, fanden sich mit dieser Herabstufung nicht ab und übten sich zunächst im verbalen Widerstand gegen den mächtigen Widersacher. Dieser ging aufs Ganze und mobilisierte die Öffentlichkeit. Auf einer aus allen Landesteilen besuchten Reichsversammlung 788 in Ingelheim am Rhein, dem durch eindrucksvolle Architektur herausgehobenen Pfalzensemble, zu Wasser und zu Lande von allen Seiten gut erreichbar, wurde ein bisher unerhörtes Exempel königlicher Macht statuiert: die politische Vernichtung eines Herzogs und seiner Familie. Die wenig später in den vorgenannten Reichsannalen dokumentierte Schuld ließ keinen Zweifel an der Rechtmäßigkeit der Strafe aufkommen, die Tassilo und die Seinen traf: Der Herzog wurde einbestellt und gefangen genommen, seine Familie, Frau, Sohn und Töchter samt Hofgesinde «und allen Schätzen» in Bayern festgesetzt und dann an den Rhein gebracht. Entwaffnet und vor den König geführt, zum Tode verurteilt, von Karl aber begnadigt, konnte Tassilo vor der zuvor beschlossenen Einweisung in ein Kloster lediglich die öffentliche Tonsurierung vermeiden; sie erfolgte

Tassilo-Kelch. Vergoldete Kupferarbeit süddeutscher Herkunft, um 780 Kremsmünster gestiftet. Auf der Basis umlaufende Inschrift: «Tassilo dux fortis – Liutperga virga regalis» («Tassilo, der starke Herzog – Liutperga, das königliche Reis»)

später in St. Goar am Rhein, der Filiale der karolingischen Hausabtei Prüm in der Eifel. Er, seine Frau und ihre Kinder verschwanden für immer hinter Klostermauern, im normannischen Jumièges der Herzog, die Mitglieder der Familie in St. Maximin vor Trier, in Chelles bei Paris und in Laon.

Ein ganzes Bündel von Anschuldigungen war zuvor zum Verderb der Agilolfinger zusammengeschnürt und der Öffentlichkeit übergeben worden: Bündnis mit den östlichen Nachbarn, den Awaren, damals noch nicht auf der Agenda eines weiteren Kriegszuges des Königs, Anfeindung bayerischer Königsvasallen als aktuelle Verbrechen. Daneben wurde auf angeblich älteres Belastungsmaterial zurückgegriffen, so habe Tassilo den Treueschwur auf Reliquien fränkischer Heiliger wie St. Martin gebrochen, als er im Jahr 757 in die Vasallität Pippins eingetreten sei, vor allem wird ihm «herisliz», Fahnenflucht als Kapitalverbrechen, vorgehalten – später ist daraus gar im Rückgriff auf Römisches Recht in den Quellen ein Majestätsverbrechen geworden. Diese scheinbare Dokumentation zurückliegender Schandtaten – überliefert in dem offiziösen Annalenwerk – umfasst einen Zeitraum von annähernd drei Jahrzehnten, sozusagen eine Abfolge von Vergehen auf Raten. Der propagandistische Erfolg dieser Klitterung stellte sich damals und für lange Zeit ein; bis vor wenigen Jahren galten diese Vorwürfe als mehr oder minder zutreffend. Die Causa Tassilo war damit aus der Welt geschafft, das Herzogtum Bayern kehrte damals, wie die einleitende Begründung einer Königsurkunde ausführt, «aus der Hand der Übeltäter Odilo [!] und Tassilo, unserem Königreich der Franken eine Zeitlang untreu entzogen», in die Hand Karls zurück. Bayern genoss freilich schon bald wieder eine Sonderstellung, als der Bruder der 783 verstorbenen Königin Hildegard, Gerold, der Schwager Karls, zum «Präfekten» Bayerns bestellt wurde; das Regnum ging 806 nicht als Teilungsobjekt in der Erbmasse auf, sondern blieb eigenständig mit Italien verbunden. Seine Integrität war auch künftig niemals ernsthaft bedroht.

Tassilo wurde noch einmal vor seinem Klostertod ins helle Rampenlicht gezogen: Auf dem berühmten Hoftag, der Frankfurter Synode von 794, geplant als westliche Gegenveranstaltung zum Zweiten Konzil von Nicaea 787 und dessen Aussagen zum Bilderstreit, kam es zu einer erneuten Begegnung von König und einstigem Herzog. Dieser legte im Angesicht der hohen Versammlung ein wiederholtes Schuldbekenntnis ab, entsagte nachtragendem Groll und verzichtete – ausschlaggebend für seinen Kontrahenten, König Karl – auf privatrechtliche Ansprüche seinerseits und seiner Familie auf Besitzungen und Rechte im entzogenen Herzogtum, die als Privateigentum an Gütern, Liegenschaften, Kirchen und sonstigen Objekten, etwa den Salzpfannen in Reichenhall, fortbestanden. Der Friedenskuss mit dem König – zur Herstellung der rechten Ordnung und des ungetrübten Verhältnisses zwischen Verwandten – krönte den Auftritt Tassilos und machte den Weg Karls in Bayern gänzlich frei. Zweifellos überlagerte die Machtfrage massiv die Rechtsfrage. Aber der zivilisatorische Fortschritt in Auseinandersetzungen auf hoher staatlicher Ebene ist indessen am Ausgang des 8. Jahrhunderts bereits unverkennbar. Zur eigenen Rechtfertigung musste Karl nicht nur die vermeintlichen oder tatsächlichen Vergehen Tassilos wie Perlen auf einem langen Faden aufreihen, auch die Inszenierung einer Versöhnung und des «freiwilligen» Verzichts des Geschlagenen auf seine Rechte und die seiner Familie war unbedingt notwendig. Der Prozess und sein Ergebnis mussten einer Öffentlichkeit als rechtens vermittelt werden. Von derartigen Skrupeln war das merowingische Zeitalter noch weitgehend frei. Nach diesem Akt von Frankfurt verschwanden der Herzog und seine Familie endgültig von der Bühne des Geschehens. Hinter Klostermauern wartete der Tod auf sie. Karl aber war der Herr Bayerns, das letzte autonome Herzogtum war fest in seiner Hand. Bayern war und blieb hinfort eine Provinz des Karlsreiches.

Das unbekannte Volk: Die Awaren

Die Awaren und ihr Reich waren bereits in dem Verfahren gegen Tassilo als mögliche Verbündete der Bayern gegen die fränkische Vormacht in das Blickfeld Karls geraten. Im Panorama der Kriegszüge seines Helden führt Einhart den Leser (besser: Hörer) mit diesen Worten in die Auseinandersetzung mit dem östlichen Reitervolk ein: «Der größte aller Kriege, die von ihm geführt worden sind, war mit Ausnahme jenes, den er gegen die Sachsen unternahm, der gegen die Awaren oder die Hunnen. So war er mehr als bei anderen [Kriegen] vom Kampfgeist beseelt, und seine militärische Zurüstung war bei weitem besser.» (E. Kap. 13) Die letzte Bemerkung ist ein später Reflex auf den offenbar schlecht organisierten Spanienfeldzug von 778.

Nach der Übernahme des bayerischen Herzogtums war der Frankenherrscher zum Grenznachbarn des «unbekannten Volkes», der als mächtig und gefährlich eingeschätzten Awaren oder der antikisierend nach ihren Vorgängern benannten Hunnen geworden. Um die Mitte des 6. Jahrhunderts aus den innerasiatischen Steppen in die Donau-Theiß-Ebene, das Karpatenbecken, vordringend, waren sie für Byzanz zu einem gefährlichen Gegner erwachsen, dessen Angriffslust für Jahrzehnte mit hohen Geldtributen aufgewogen werden musste. Eine schwere Niederlage des Reitervolkes 626 gegen die Vormacht am Bosporus machte dieser Bedrohung aber ein Ende. Sesshaftwerdung, Slawisierung und Einschränkung der Weideflächen als Voraussetzung erfolgreicher Pferdezucht ließen die einst gefürchteten Reiterkrieger zu halbnomadisierenden Bauern werden, das Khaganat als zentrale Führungsinstanz zerfiel. Von einer Transformation der politischen und sozialen Strukturen, verbunden mit der notwendigen Angleichung an die Nachbarn, war diese Gesellschaft weit entfernt.[6]

Angesichts der Weite ihrer Siedlungsräume und der potenziellen Gefahren, die sich noch immer mit ihrer Existenz verbanden, erregte ihr Name Furcht und Schrecken. Begegnungen zwischen den Nachbarvölkern waren selten, diese beschränkten sich zumeist auf jähe Überfälle und Beutezüge. Zwar reichte das awarische Einflussgebiet im Westen bis zur Enns, die eigentliche Landnahme hatte aber ausweislich der Gräberfunde östlich des Wiener Waldes Halt gemacht.

Bereits im Herbst 788 kam es zu feindlichen Begegnungen zwischen Franken und Awaren, obwohl 782 Gesandte des Khagans am fränkischen Hof erschienen waren, «um den Frieden zu erörtern», möglicherweise um sich über Grenzprobleme auszutauschen. Der Vorwurf an die Adresse Tassilos, er habe die Awaren als Verbündete gegen Karl mobilisiert, war wohl nicht völlig aus der Luft gegriffen.

Wenn Karl sich zu Beginn der neunziger Jahre entschloss, gegen das «unbekannte Volk» militärisch vorzugehen, so spielte dabei das Motiv der Unterwerfung zwecks Missionierung und Ausweitung der Ökumene eine augenscheinlich höchst untergeordnete Rolle. Als Antriebskraft hat zunächst sein Bestreben zu gelten, den bayerischen Großen sein überlegenes Führungspotenzial und das königliche Charisma im Felde zu demonstrieren. Dazu trat bei ihm und seinen Kombattanten entscheidend die Hoffnung auf unermessliche Beute in den fernen Weiten Pannoniens hinzu, hatten doch die Awaren aus byzantinischen Tributen und Raubzügen einen bereits damals sagenhaften Schatz in dem so genannten Ring angehäuft, der offenbar die Phantasie der Zeitgenossen reizte. So bewertete noch Einhart sehr viel später das Unternehmen ganz unverhohlen nach seinem Ertrag: «Das Geld und die Schätze, die sich im Laufe der Jahre angesammelt hatten, wurden [ihnen] entrissen. Niemand kann sich erinnern, daß sich die Franken in einem Krieg, der gegen sie [!] geführt worden ist, mehr bereichert hätten und daß sie um mehr Machtmittel erhöht worden seien [...] man konnte rechtens glauben, daß die Franken den Hunnen das zu Recht entrissen hätten, was die Hunnen zuvor anderen Völkern unrechtmäßig geraubt hatten.» (E. Kap. 13) Die verquere Logik dieser Argumentation spricht für sich selbst.

In den zeitgenössischen Quellen ist von Strafaktionen und gerechtem Krieg gegen die Heiden die Rede; das Thema Christianisierung taucht vorübergehend nach 796 auf, als ein Teil der Awaren sich unter fränkischen Schutz stellte. Wichtiger als kurzfristige Missionserfolge, die obendrein noch zwischen Aquileia und Salzburg strittig waren, ist die zitierte programmatische Kritik Alkuins, Karls angelsächsischer Mentor, an der Zehntung der zwangsgetauften Sachsen, die er als schlechtes Vorbild für die Awarenmission anprangert.

Das Jahr 791 stand ganz im Zeichen des Feldzugs gegen die Awaren. Dem Aufmarsch war eine geradezu minutiöse Planung vorausgegangen. In zwei Heeressäulen marschierten die aus Franken und Bayern, Sachsen und Thüringern, Friesen, ja Slawen zusammengesetzten Kontingente auf beiden Seiten der Donau in Feindesland, die nördliche geführt von einem erfahrenen Troupier, die südliche von Karl selbst. Unterstützt wurde dieser Aufmarsch durch einen Flottenverband auf der Donau, der vor allem zum Transport von Waffen und Fourage bestimmt war. Die Wasserstraßen dienten, zumal östlich des Rheins, angesichts der schlechten und gefahrvollen Wege als eigentliches Verkehrsnetz. Militärische Planung und zivile Nutzung gingen bei den Wasserstraßen Hand in Hand, Krieg und Handel mochten sich ergänzen.[7]

Im Lauf des Septembers 791 vereinigten sich die Heeresabteilungen in Lorch, der Grenzstation an der Enns; Karl selbst berichtete in einem Schreiben vorwiegend privaten Charakters, aus heutiger Sicht ein «Feldpostbrief», seiner in Regensburg verbliebenen vierten Gemahlin Fastrada, deren Gesundheit schon damals nicht die beste gewesen ist, vom bisherigen Gelingen des Unternehmens. Das Schreiben hat einen durchaus familiär-emotionalen Charakter, wenn Karl etwa um häufigere Nachrichten aus der Heimat bittet. Wir erfahren ferner, dass Karls Sohn Pippin, der König von Italien, bereits am 23. August in Friaul, an der Nordostgrenze seines Reichs, den Feinden ein siegreiches Treffen geliefert hatte.

«Feldpostbrief» Karls an Fastrada (791)
Und es ist verwunderlich, dass bisher kein Bote oder Brief, seit wir Regensburg verlassen haben, bei uns eingetroffen ist. Daher wollen wir, dass Ihr uns häufiger von Eurem Gesundheitszustand und anderem, was Euch gefällt, Kunde geben sollt. Wiederum grüßen wir Euch von Herzen.
MGH Epp. IV, Nr. 20, S. 528

Mit einem allgemeinen Bittfasten und Messfeiern, als spirituelle Reinigung vor der Schlacht, ebnete der König den Einzug seines Heeres ins Feindesland jenseits des Wiener Waldes. Die kriegerische Begegnung mit den Awaren blieb freilich aus: Diese hatten offenbar ungeordnet die Flucht ins Landesinnere angetreten und die befestigten Plätze, ihre Wehranlagen und Kampfzurüstungen im Stich gelassen. So drang das vereinigte fränkische Heer bis an die Raab vor und machte sich dann ohne eigentliche Feindberührung wieder in zwei Säulen auf den Heimweg. Eine Seuche soll nach glaubwürdigen Nachrichten «Tausende» von Pferden hinweggerafft haben – auch einige hohe Kleriker, darunter der Erzkapellan Bischof Angilram von Metz, büßten die ungewohnten Strapazen mit ihrem Tod.

Karl selbst machte vor seiner Rückkehr einen Abstecher in das alte römische Savaria (Szombathely) im heutigen Ungarn, dem Geburtsort Martins, des römischen Legionärs und späteren fränkischen «Nationalheiligen» schlechthin, dessen Kloster in Tours ein sakrales Zentrum auch unter der zweiten Königsdynastie blieb. Nur 52 Tage hatte die Expedition ins Karpatenbecken gedauert. Karl hatte seinem Ruf als Feldherr alle Ehre gemacht – aber die Beute dürfte kaum den Erwartungen der Mitkämpfer entsprochen haben. Der Awarenschatz war weder entdeckt noch gar gehoben worden; Gefangene hatte man in großer Zahl gemacht, Männer, Frauen, Kinder, die dem Sklavenmarkt zugeführt werden konnten, der sowohl Ostrom als auch das Emirat von Córdoba versorgte. Die Grenzregionen zwischen Enns und Wiener Wald waren von den Awaren kampflos geräumt worden, auch im eigentlichen Siedlungsgebiet in Pannonien hatten sie nur schwache Gegenwehr gezeigt – für die Franken, die Zeitgenossen allgemein und wohl auch Karl selbst war dieses Verhalten ein Rätsel. Der fränkische König freilich stand jetzt im Zenit seines Ansehens: Ihm war es gelungen, die Erben der gefürchteten Hunnen auf eigenem Territorium in die Schranken zu weisen und von den Grenzen der Ökumene fern zu halten.

Karl misstraute freilich diesem ersten raschen Erfolg und sorgte sich auf Jahre um einen Gegenschlag. So dürfte auch der bekannte Kanalbau zur Verbindung der Flusssysteme von Rhein-Main und Donau an der Wasserscheide im heutigen Mittelfran-

Das Altmühltal beim Dorf Graben und die mit Hochwald beiderseits bewachsene, 30 Meter breite «Fossa Karolina»

ken, beim Dorf Graben (!) unweit von Treuchtlingen durchaus eine militärische Komponente zur Beschleunigung von Truppentransporten donauabwärts gehabt haben. Die «Fossa Karolina», für ein ganzes Jahrtausend das kühnste Wasserbauprojekt des Abendlandes, muss nach neuesten archäologischen Funden und Beobachtungen für eine gewisse Zeitspanne funktionstüchtig gewesen sein.[8] Dieser Kanal bestand aus einer Kette von Weihern, gespeist von einem nahen Speicherreservoir, zu denen die Schiffe zur Überwindung der Wasserscheide gezogen oder dem Brauch der Zeit entsprechend getreidelt werden mussten. Der König mag diese Planungen auch zur Intensivierung wirtschaftlicher Kontakte mit dem Südosten unternommen haben – der militärische Nutzen jedenfalls ist vorrangig. Der erwartete Angriff der Awaren blieb freilich aus. Statt der Vorbereitungen zu einem massiven Gegenangriff aus der Tiefe Pannoniens in Richtung Westen war es zu einem «Bürgerkrieg» gekommen – der Khagan und der so genannte Jugurrus hatten sich gegenseitig bekämpft, ein weiterer Anführer, der Tudun, war gar 795 ins Frankenreich gekommen, um sich dem König zu präsentieren und Christ zu werden. Karl nutzte die Gunst der Stunde und holte zu einem neuen Schlag gegen den unerwartet schwachen Gegner aus – diesmal stand allein die Eroberung des mit unermesslichen Schätzen ausgestatteten «Rings» als Kampfziel vor Augen, einer angeblich von neun kreisförmigen Befestigungen umgebenen Anlage. Tatsächlich dürfte dieser Palastkomplex lediglich von einem Ringwall eingehegt worden sein.

Der Frankenherrscher nahm an diesem Zug nicht selbst teil, verzichtete auch auf ein Gesamtaufgebot und schickte stattdessen «Herzog» Erich von Friaul von der Adria über die Drau in Feindesland. Mit Hilfe eines mit Land, Leuten und Sprache vertrauten Slawen gelang es diesem Trupp, zum «Ring» ins Landesinnere vorzustoßen und große Beute zu machen: Gold, Silber, Gewänder, Schmuck, Edelsteine und kostbares Gerät konnten auf nicht weniger als «fünfzehn Lastkarren [...], gezogen von jeweils vier Ochsen», wie die Annalen von Northumbrien bewundernd berichten, nach Aachen geführt werden. Den verbliebenen Rest brachte König Pippin im folgenden Jahr zur Freude des Vaters ebenfalls in dessen Lieblingspfalz. Es kann kein Zufall sein, dass in diesen Jahren der Ausbau Aachens zur Residenz energisch und zielbewusst vorangetrieben wurde. Der Schatz der Awaren schuf neben dem Tribut aus Benevent und dem Gold der Langobarden eine ganz wesentliche materielle Grundlage für das opulente Bauvorhaben, insbesondere der Pfalzkapelle. Aus dem Schatz gelangten wertvolle Objekte an Parteigänger unter den Großen, auf deren politischen Beistand der König Wert legte. Der Empfängerkreis edler Gaben – goldene Armspangen, silberne Schüsseln, Rauchfässer, Wehrgehänge und Seidenmäntel – reichte von italischen Metropoliten bis zum englischen König Offa von Mercien, mit dem Karl wenige Jahre zuvor noch einen Handelskrieg ausgefochten hatte. Auch und nicht zuletzt sollte der Papst als Nachfolger des Apostelfürsten seinen Anteil zur Ausschmückung von St. Peter und der großen Stationskirchen in Rom erhalten – Hadrian I. starb aber vor Eintreffen der Sendung am 25. Dezember 795.

Das Awarenreich war in voller Auflösung; ein Teil der Bevölkerung hatte sich König Pippin unterworfen, ein anderer sich dem fränkischen Zugriff durch Flucht über die Theiß entzogen. Mit den ersten Jahrzehnten des 9. Jahrhunderts verschwinden die Awaren aus der Geschichte: Slawisierung und anschließende Magyarisierung machten ihrer eigenständigen Fortexistenz als Volk ein Ende. Ihr Erbe trat im ehemaligen Pannonien das Reitervolk der Ungarn an, das freilich durch Sesshaftwerdung, Übernahme des Christentums und westlicher Herrschaftsstrukturen (Königtum), auch durch verwandtschaftliche Bande mit den Ottonen seit dem Ausgang des 10. Jahrhunderts Teil des Abendlandes wurde. Damit war dem Westen eine lange Atempause bis zum Mongolensturm des 13. Jahrhunderts vergönnt.

Kannenreliquiar aus Goldblech, frühes 9. Jahrhundert. In die karolingische Arbeit sind byzantinische Emaileinlagen und vielleicht Teile eines awarischen Szepters eingelassen.

Diplomatie und Kontakte

Christliche Königreiche und pagane Herrscher

Zu den kriegerisch-expansiven Aktionen, die das Frankenreich in der Ära Karls in Umfang und Bedeutung auf eine Stufe mit den «Großmächten» ihrer Zeit stellten, trat zunehmend bedeutsamer ein diplomatisches Umfeld, das den Frankenkönig in ein Geflecht internationaler Beziehungen einbezog. Europa gewinnt Mitsprache in der damaligen «Weltpolitik». Dazu lässt uns Einhart wissen: «Karl vermehrte auch den Ruhm seines Reiches durch Freundschaft mit gewissen Königen und Völkern.» (E. Kap. 16) Der Biograph nennt den Herrscher von Asturien (und Galizien), letzte Rückzugsgebiete von Mitgliedern der hispano-westgotischen Aristokratie im Nordwesten der Iberischen Halbinsel, König Alfons II., «den Keuschen». Dieser lehnte sich an die Franken an und nutzte die damals entstehende Spanische Mark als Gegengewicht zu den muslimischen Statthaltern des Ebrotals. Vom Norden Spaniens aus sollte später in langen Schüben die Reconquista von al-Andalus (Andalusien) erfolgen.

Auch die Könige der Schotten, gemeint sind irische Kleinkönige, sind nach Aussage unseres Gewährsmannes Karl gewogen gewesen, ohne dass wir Näheres über diese Kontakte wüssten. Hingegen verfügen wir über wesentlich mehr Kenntnisse, was den Einfluss der irischen Kirche und ihrer Missionare auf dem Kontinent, auf das Klosterleben und die Bildung allgemein betrifft. Erinnert sei an den heiligen Kilian, Bischof von Würzburg, und seine Gefährten als Vorläufer der angelsächsischen Verkündigung auf dem Festland, erinnert sei an den heiligen Columban, dessen Regel und Erinnerung vor allem in Corbie in der Nähe von Amiens im Norden der Francia wach gehalten wurde. In der Karlszeit sind es Dichter, Philosophen und Gelehrte, die ihr Können auf das Festland mitbringen, herausragend Hibernicus Exul. Die kulturelle Verflechtung mit England gipfelte seit den achtziger Jahren des 8. Jahrhunderts insbesondere in der Tätigkeit Alkuins, Karls Mentor, als Leiter der «Hofschule» in Aachen. Bedeutsam als Revisor der Bibel und als Abt von Tours seit 796 eröffnen uns seine zahlreichen Schriften, vor allem aber seine Briefe an den Herrscher (und andere Zeitgenossen) wesentliche Einblicke in das jeweils aktuelle Geschehen und in die mentalen Strömungen der Epoche. Das Netz diplomatischer Beziehungen mit Großbritannien wurde damals enger geknüpft, insbesondere zu den Regna Mercien und Northumbrien. Für einen der umstrittenen Kleinkönige Northumbriens unternahm Karl im Jahr 808 eine diplomatische Offensive, deren Gewinn freilich das Papsttum einstrich. Mit König Offa von Mercien kam es gegen 790 gar zu einem der vielen geplanten, aber niemals realisierten Heiratsprojekte, so sollte Karl, der älteste Sohn der Hildegard, eine Tochter Offas heiraten, wofür der Angelsachse eine Königstochter für seinen Nachwuchs forderte. Dies lehnte der fränkische König ab, ein kurzer Handelskrieg in Form eines Embargos englischer Güter in den flandrischen Häfen war die Folge. Doch währte diese Gegnerschaft nicht lange, bereits kurz nach 793 schloss sich Mercien der Münzreform Karls an, ein sichtbares Zeichen für die Wiederaufnahme der ertragreichen Handelskontakte, die vom Kontinent teils nach Skandinavien, verstärkt aber auf die englische Insel gingen und den Güteraustausch beförderten. Indiz für diesen Austausch ist auch Karls Klage an die Adresse

Karl der Große und Alkuin in einer Sammelhandschrift aus dem Stift Hamersleben, 3. Viertel des 12. Jahrhunderts

Offas, dass sich englische Händler als Pilger verkleideten, um den Transitzöllen in den Atlantikhäfen zu entgehen. Neuere Forschungen gehen gar davon aus, dass Karl bereit gewesen sei, dem englischen König bei der Beschaffung und dem Transport «schwarzer Steine», das heißt antiker Spolien aus dem überaus seltenen schwarzen Porphyr vom Mons Porphyrites in Ägypten, zu helfen. Karl selbst hat zwei Säulen dieser Provenienz in seine Aachener Pfalzkapelle einbauen lassen.[9]

Was Skandinavien betrifft, so gab es sowohl kriegerische als auch diplomatische Kontakte. Es ist eher ein gegenseitiges Abtasten als eine intensive Begegnung zu erkennen. Zu Kontakten kam es verstärkt erst in der Epoche Ludwigs des Frommen durch den Ausbau der Handelswege über Haithabu an der Schlei bis Birka im schwedischen Mälarsee. Karl hatte im ersten Jahrzehnt des neuen Jahrhunderts den heidnischen Abodriten Transalbingien – die Region zwischen Elbe und Eider – als Pufferzone zu Dänemark überlassen, sah sich aber nach 808 gezwungen, auf die aggressive Politik König Göttriks zu reagieren und jenseits der Elbe Grenzbefestigungen – so Esesfeldt-Itzehoe – anzulegen und Truppen am Ort zu konzentrieren. Die Dänen ihrerseits verstärkten das Danewerk, einen Sperrriegel aus Erdwällen und Palisaden zwischen Schlei und Treene beziehungsweise Eider; nach dem Tod Göttriks kam es unter den zerstrittenen Nachfolgern zu Friedensverhandlungen mit den Franken. Im Schatten dieser Kontakte bereiteten sich bereits die «Nordmänner» mit ihren schnellen Booten auf unkontrollierbare Einfälle vor, gegen die Karl den Küstenschutz – vergeblich, wie wir wissen – zu organisieren suchte. Die Elbe blieb auch im Verhältnis zu den slawischen Völkern Abodriten, Wilzen, Redariern, Hevellern und Sorben «nasse Grenze», was Kontakte und Bündnisse mit einzelnen Ethnien keineswegs ausschloss. Landgewinn und Missionierung jenseits der Elb-Saale-Linie standen nicht auf der Agenda des Königs – Gleiches lässt sich trotz zweier Feldzüge Karls des Jüngeren in Richtung Böhmen konstatieren. Das Karlsreich und die christliche Ökumene endeten an östlichen Gewässern und Gebirgszügen. Die Tonlage unserer Quellen gegenüber den heidnischen Völkern ist im Allgemeinen distanziert, keinesfalls aggressiv. Listenreiches Appeasement bestimmte diese Art von «Ostpolitik».

335

Orient und Bosporus

Jerusalem – Bagdad Von besonderem Gewicht für die Spannweite von Karls Außenpolitik wurden die Beziehungen des fränkischen Reichs zu den beiden Großmächten des Orients, zum Kalifen von Bagdad als Führer der muslimischen Welt und zu dem Herrscher in Byzanz, dem Basileus als Nachfolger der römischen Imperatoren. Erneut verband das Mittelmeer Okzident und Orient, Abendland und Morgenland. Hören wir dazu wieder unseren Gewährsmann Einhart: «Mit Harun, dem König der Perser, der außer Indien fast den gesamten Osten [Orient] hielt, hatte er eine derartig freundschaftliche Übereinkunft, daß dieser Karls Gunsterweise der Freundschaft aller anderen Könige und Fürsten des gesamten Erdkreises vorzog und erklärte, allein ihn mit Ehrerbietigkeit und Freigebigkeit pfleglich behandeln zu wollen.» (E. Kap. 16) Weiter berichtet Einhart von Gesandten- und Geschenkaustausch, die ein Klima der Annäherung und der Verständigung, von Koexistenz, wenn auch auf weite räumliche Distanz, signalisieren. Ideologische Gegensätze, feindliche, religiös motivierte Abgrenzung, gar Fanatismus im Umgang miteinander sind nicht zu erkennen. Die Ursachen dieser «Freundschaft» lagen in der Feindschaft, Gegnerschaft und abwartenden Distanz Harun-ar-Raschids und Karls zu den Kaisern am Bosporus und den Omaijaden im spanischen Andalus begründet. Suchte Harun, der wohl bedeutendste Kalif aus der Abbasidendynastie, aus dem fernen Bagdad das Bündnis mit dem Frankenherrscher aus Gründen der «großen Politik» – die Handelsbeziehungen zu Wasser und zu Lande, die Karawanenwege und die Routen durchs Mittelmeer waren eher durch Piraten und Wegelagerer als durch politische Eingriffe gefährdet –, so war Karl vor allem daran gelegen, den freien Zugang der Pilger nach Jerusalem und damit zu den heiligen Stätten der Christenheit offen zu halten und für den notwendigen Schutz zu sorgen.

Jerusalem war und ist zunächst sakrales Zentrum der Juden, dann der Christen, aber auch der Muslime als Angehörige der dritten monotheistischen Weltreligion. Im Mittelpunkt christlicher Verehrung steht die Grabeskirche, auf dem Felsen von Golgotha errichtet und 335 von Kaiser Konstantin geweiht. Das Bauwerk kombinierte eine fünfschiffige Basilika nach Art von St. Peter oder

Das Heilige Grab in der Grabeskirche in Jerusalem; in Anlehnung an die alten Formen nach einem Brand 1808 neu errichtet

der Laterankirche mit einer Rotunde, einem Zentralbau, der über ein zweites Atrium zugänglich ist und in dessen Mitte über einer Kuppel sich das Heilige Grab auch heute noch befindet. Gleichzeitig mit dieser Grabeskirche waren eine Kirche auf dem Ölberg und die Geburtskirche in Bethlehem errichtet worden, letztere ursprünglich als achteckiger Zentralbau. Damit waren Geburt, Passion, Auferstehung und Himmelfahrt als Memorien in Stein gefasst.[10] Der heilige Hieronymus († 420) beklagte schon bald den frommen Tourismus; Berichte von Pilgern aus dem Westen setzten bereits im 4. Jahrhundert ein und vermittelten dem Abendland Kenntnisse über die heiligen Stätten. Besonders wichtig wurden die Mitteilungen des fränkischen Bischofs Arculf von 670, die von dem Abt Adamnus im irischen Kloster Iona niedergeschrieben und dann vielfach verbreitet worden sind. In diesem Text findet sich nicht nur die erste «Faustskizze» der Rotunde, sondern auch der eigentlichen Grablege in der Kammer, die mit sieben Fuß, einer Manneslänge, angegeben wird.

Das kaiserliche Jerusalem hatte seit den Tagen Konstantins des Großen mehrfach den Herrn gewechselt: 614 war es unter die Herrschaft der Perser gefallen, 628 war es von Ostrom zurückerobert worden und geriet schließlich 638 in die Gewalt der Muslime unter Kalif Omar. Das Kreuz Christi allerdings konnte noch zuvor aus Jerusalem nach Konstantinopel gebracht werden und gab der Metropole am Bosporus für Jahrhunderte einen einzigartigen Glanz. Die Jerusalemer Christen erhielten unter muslimischer Herrschaft bei Zahlung einer Kopfsteuer Religionsfreiheit. Als islamischer Kontrapunkt zur christlichen Grabeskirche war nach 688 auf dem Tempelberg, höher gelegen als der Golgothafelsen, der so genannte Felsendom errichtet worden, ein ebenfalls achteckiger überkuppelter Zentralbau, der wie die Grabeskirche auf zwölf Säulen und vier Pfeilerpaaren ruht und fast die gleichen Maße aufweist. Eine riesige Mosaikfläche von 1280 Quadratmetern schmückt das Innere, geziert von einer monumentalen Inschrift von 240 Metern Länge: Der Vergleich mit dem Aachener Münster drängt sich förmlich auf.[11]

Dennoch blieb Jerusalem eine weitgehend christlich geprägte Stadt; die Muslime besaßen lediglich drei Monumente – wenig später hatte auf dem Tempelberg der so genannte Kettendom das Ensemble aus Felsendom und der zwischen 705 und 715 errichteten Al-Aksa-Moschee ergänzt –, die Juden verfügten damals über kaum mehr als eine Synagoge, die Christen aber unter Einschluss der Umgebung Jerusalems über mehr als achtzig kirchliche Einrichtungen, allerdings erst im 10. Jahrhundert belegt.

Die Pilgerschaft zu den heiligen Stätten, vor allem Rom und Jerusalem, dem Monte Gargano, das Michaelsheiligtum in Apulien, wenig später Santiago de Compostela in Galicien, erfüllte die Herzen der Frommen – Jerusalem als fernes Ziel und «Nabel der Welt» stand den Christen vor Augen wie Mekka mit der Kaba den Anhängern des Propheten.

So wird es verständlich, dass sich Karl als Schirmherr der Christenheit um einen schützenden Einfluss im Nahen Osten bemühte. Die politische Konstellation war diesem Vorhaben, wie wir bereits gesehen haben, durchaus günstig. Die Abbasiden hatten nach dem Sturz der Omaijaden ihre Residenz von Damaskus verlegt und im Zweistromland zwischen Euphrat und Tigris 762 Bagdad gegründet, ein Zentrum, das zugleich Araber und Perser unter der neuen Dynastie zusammenführte. Bagdad wurde schon bald zur «wohlhabendsten Stadt der Welt», sprichwörtlich für ihren Reichtum, ihren Luxus und ihre «orientalische» Pracht, bekannt aus den Novellen von «Tausendundeiner Nacht».[12] Bagdad war rasch zu einem wichtigen Etappenziel an einem Zweig der Seidenstraße geworden, die ins ferne China führte. Jerusalem lag nicht länger im Schatten der Residenz, als diese noch in Damaskus alles Interesse für sich beanspruchte. Diese Verlagerung von Hauptstadt und Machtmittelpunkt dürfte Karls Intervention zugunsten der christlichen Pilger begünstigt haben. Der Franke konnte an erste Kontakte seines Vaters zum Orient anknüpfen. Im östlichen Mittelmeer war es damals zwischen Bagdad und Byzanz allenfalls zu einem trügerischen Waffenstillstand gekommen; so war es den Muslimen trotz verschiedener Anläufe nicht gelungen, Byzanz von der See her einzunehmen. Im Jahr 782 führte der künftige Kalif Harun selbst eine Armee quer durch Kleinasien an den Bosporus und zwang der Kaiserin Irene einen Friedensvertrag auf, der durch einen Tribut abgesichert auch von ihrem späteren Nachfolger Nikephorus I. sogar unter demütigenden Bedingungen erneuert werden musste.

Byzanz hatte sich an seiner zweiten Front dem Vormarsch der Bulgaren auf dem Balkan zu erwehren, die dem Reich bereits 792 bei der Grenzfeste Markellai eine schwere Niederlage beigebracht hatten. Das Verhältnis Karls zu Irene, Witwe Kaiser Leons IV., führte zu Spannungen, das Verlöbnis zwischen dem Sohn und Nachfolger der Kaiserin, Konstantin VI., und einer Tochter Karls war geplatzt, die Auseinandersetzungen um Benevent hielten an, und die fränkische Ablehnung der Beschlüsse des Zweiten Konzils von Nicaea 787 hatten den Entfremdungsprozess zwischen Ost und West beschleunigt. Wenn Karl seine Fühler nach Bagdad ausstreckte, dann war dies wohl kaum ein Zufall. Verständlicherweise ließ sich der Kalif auf diese Kontaktsuche bereitwillig ein. Das Frankenreich war nach der Eroberung weiter Teile Italiens zu einem interessanten Bündnispartner am Mittelmeer vor allem in Hinblick auf das Emirat von Córdoba, aber auch Byzanz geworden.

Unsere spärlichen «westlichen» Quellen – zeitgenössische arabische Zeugnisse sind so gut wie nicht vorhanden – verbinden die Kontakte nach Bagdad mit dem Pilgerziel Jerusalem. Dies liegt nicht zuletzt am Wegenetz, das sowohl dem Handel als auch den Pilgern in gleicher Weise diente und Damaskus als wichtigste Zwischenstation berührte. Aus einem fast zeitgenössischen Bericht eines Postmeisters und Polizeichefs von Bagdad kennen wir vier Hauptverbindungslinien in den Nahen und Fernen Osten, die teils zu Wasser, teils zu Lande verliefen. Als Handelsgüter aus dem Westen werden Eunuchen, gewebte Stoffe (friesische Tücher!), Felle und Schwerter genannt, aus dem Osten vor allem indisches Elfenbein, Balsam aus Syrien, Weihrauch und Myrrhe, Duftstoffe, Gewürze, Glaswaren und Seide, Perlen und Edelsteine. Namentlich in Ost-West-Richtung findet ein Austausch von Luxusgütern für eine hauchdünne Oberschicht statt, dessen konjunkturelle Schwankungen keinen Einfluss auf die allgemeine Wirtschaftslage und die regionalen und interregionalen Märkte des Zeitalters haben konnten. Der Austausch vermittelte aber im Westen einen starken Zauber und ließ Dimensionen von Wohlergehen und Luxus erahnen, die sich von nun an mit dem Orient und fernen östlichen Ländern verbanden. In Bagdad gab es ein christliches Quartier, dessen Kirchen von den Muslimen an Sonn- und Feiertagen wegen der schönen Bilder, aber auch wegen der jungen Diakone aufgesucht wurden. Die politische Auflösung der antiken Mittelmeerwelt und der Siegeszug des Islam an den östlichen und südlichen Küsten des Mittelmeers hatten den Güteraustausch keineswegs zum Erliegen gebracht, allenfalls eingeschränkt. Die Vielzahl arabischer Münzen, kostbarer Gefäße und Einschlagtücher aus europäischen Bodenfunden und Reliquienkammern geben einen zutreffenden Eindruck der Kontinuität der Handelskontakte. Das Phantasiebild von den so genannten Heiligen Drei Königen, den Magiern, gab dem Abendland eine Vorstellung von orientalischem Wohlstand, Lebensgenuss und Raffinement.

Abbasidischer Denar des Kalifen Harun-ar-Raschid, 786

Lag Bagdad, das Machtzentrum der Kalifen im Zweistromland, eigentlich außerhalb konkreter Erfahrung für den Westen – von wenigen Ausnahmen abgesehen –, so war Jerusalem durch den Pilgerstrom stets präsent. Das Alte und das Neue Testament, Reiseandenken und Reliquien, die Osterliturgie zumal hielten das Wissen um den heiligen Ort wach. Dies gilt verstärkt für die Zeit Karls, der wohl erstmals 797 Kontakt zum Patriarchen von Jerusalem suchte. Damals brach eine Delegation Karls nach Bagdad auf, deren Mitglieder wir namentlich kennen. Zu ihnen gehörte auch ein Jude namens Isaak, der wohl als wege- und ortskundiger Führer, als Scout sozusagen, und als Dolmetscher fungierte. Nach mehr als einem Jahrhundert taucht damit erstmals wieder ein Angehöriger mosaischen Glaubens, oft als Syrer bezeichnet, in den fränkischen Geschichtsquellen auf.[13] Ihnen ist vor allem die Pflege der Handelskontakte zwischen Ost und West zuzuschreiben. Die Gesandtschaft traf nach einer zeitgenössischen Mirakelgeschichte auf ihrem Weg nach Bagdad in Jerusalem auf Boten des Grafen von Treviso aus dem oberen Veneto, die in der Heiligen Stadt Reliquien für ihren Herrn beschaffen sollten. Verständlicherweise verabredete man, den Heimweg zusammen anzutreten. Aus dieser gemeinsamen Rückkehr wurde nichts, Lantfrid und Sigismund, so hießen die königlichen Beauftragten, waren in Bagdad verstorben; nur der Orientexperte Isaak überstand die Strapazen und ging 801, begleitet von zwei «Eingeborenen», einem Boten Harun-ar-Raschids und einem weiteren aus dem tunesischen Emirat der Aghlabiden, Gegnern der Omaijaden, in Pisa an Land.

Wenn bereits 799 ein Mönch aus Jerusalem im Frankenreich erschien, um König Karl «Segen und Überreste [Reliquien] vom Heiligen Grab» im Auftrag des Patriarchen zu überbringen, dürfte dies ein Ergebnis der Bagdadmission gewesen sein. Diese «Überreste» könnten, wenn neueste archäologische Untersuchungen zutreffen, mit Marmorspolien von der Bank der Grabkammer identisch sein, die damals nach Aachen gelangten und irgendwann im so genannten Karlsthron auf der Empore des Münsters Verwendung fanden.[14]

Karl hatte sehr wahrscheinlich beim Kalifen um Hilfe und Schutz für die bedrohten Glaubensbrüder in Jerusalem nachgesucht. Wir wissen, dass etwa 796 Kirchen im Heiligen Land, auch

Der so genannte Karlsthron im Westjoch des oberen Umgangs der Pfalzkapelle zu Aachen

im Umkreis von Jerusalem, so das griechische Kloster San Saba, von nomadisierenden Einheimischen überfallen worden waren.

Anfang 800 wurde der Jerusalemer Mönch vom König mit Gegengaben und in Begleitung des Hofpriesters Zacharias (ein sprachkundiger Grieche?) entlassen und nach Jerusalem zurückbeordert. Bereits am 23. Dezember desselben Jahres – man beachte das Timing –, zwei Tage vor der denkwürdigen Kaiserkrönung des Frankenkönigs in St. Peter, kam der Priester aus dem Nahen Osten zurück; in seinem Gefolge waren zwei Mönche, einer aus dem lateinischen Ölbergkloster, der andere aus dem griechischen Sabakloster. Sie überbrachten als Geschenk des Patriarchen Georg, der zuvor Abt des Monte Oliveti gewesen war, und als «Zeichen des Segens» Schlüssel zum Grab des Herrn und zum Golgothafelsen, der damals noch offen im Atrium zwischen Basilika und Rotunde der Grabeskirche zugänglich war. Dazu erhielt Karl die Schlüssel der Stadt und zum Berg Sion, zweifellos Gaben von allerhöchster Symbolkraft, um sakrale Nähe und Schutzfunktion des fränkischen Großkönigs am Vorabend bedeutsamer Ereignisse sichtbar zu machen. In gleicher Weise waren Karl bereits von muslimischen Statthaltern Schlüssel zu Grenzstädten am Ebro übersandt worden; schon 796 hatte ihm Papst Leo III. zusammen mit einer Wahlanzeige die Schlüssel zum Petrusgrab und der Stadt Rom übergeben. Von einer tatsächlichen Herrschaft als Ausdruck von Schlüsselgewalt konnte jedoch weder in Rom noch gar in Jerusalem die Rede sein.

Der Kontakt zu Jerusalem riss auch nach dem Ereignis der Kaiserkrönung nicht ab. Zwei Jahre später ging erneut eine Gesandtschaft Karls nach Bagdad ab – wieder starb der Bote des Kaisers im Orient. Im Jahr 806, nach vier weiteren Jahren, erreichte ein Diplomat des Kalifen im Gefolge zweier Mönche aus Jerusalem den Hof zu Aachen, wiederum Brüder des Ölbergklosters, von denen einer aus der «Germania» stammte, womit die enge Verbindung mit dem nördlichen Europa betont wird. Nach dem Tod Haruns im März 809 häuften sich die Verfolgungen und Ausplünderungen christlicher Einrichtungen in und um Jerusalem. Nicht von ungefähr rief Karl im folgenden Jahr zu Spenden zur Wiederherstellung der Kirchen in der Heiligen Stadt auf. Einhart hat diese Bemühungen Karls vor Augen, den betroffenen Christen unter muslimischer Herrschaft karitativ beizuspringen, wenn er darlegt, dass Karl nicht nur bei sich zu Hause Mildtätigkeit übte, «sondern auch jenseits des Meeres in Syrien und Ägypten und Afrika, in Jerusalem, Alexandria und Karthago, wo – wie er erfahren hatte – Christen in Armut lebten […] und vor allem deshalb hat er die Freundschaft der Könige jenseits des Meeres erstrebt, damit er den Christen unter der Herrschaft Abkühlung und Erleichterung verschaffen könnte.» (E. Kap. 27) Die personelle Verbindung der Francia mit Jerusalem war offenbar eng; so wissen wir, dass nicht weniger als siebzehn gottgeweihte Frauen am Heiligen Grab dienten, auch Mönche dürften hier zahlreich vertreten gewesen sein, die aus Karls Imperium kamen.

Auch auf geistlich-theologischem Terrain kam es zu engen Berührungen zwischen Ost und West, Jerusalem und Aachen beziehungsweise Rom. Seit den neunziger Jahren ging verstärkt die Diskussion um das so genannte «filioque», den Ausgang des Heiligen Geistes vom Vater u n d v o m S o h n, eine Formulierung, die über das allseits approbierte Glaubensbekenntnis von Nicaea 325 hinausging. Im Frankenreich war dieser interpretierende Hinweis in den Wortlaut des «Credo» als Bestandteil der Messe aufgenommen worden.[15]

Nicht zuletzt die Mönche des Klosters Monte Oliveti orientierten sich nach 807 an diesem Zusatz; die Boten aus Jerusalem hatten in Anwesenheit von Kaiser Karl und Papst Leo – also um die Wende von 803 auf 804 – an einem Gottesdienst in der Aachener Pfalzkapelle, aus Anlass eines zweiten Besuchs Papst Leos III. jenseits der Alpen, teilgenommen und waren spontan dem Vorbild gefolgt. Diese Variante führte zu einer heftigen Auseinandersetzung mit den griechischen «orthodoxen» Konkurrenten des Sabaklosters, die eilig die Franken insgesamt als Häretiker brandmarkten, was wiederum mit Hinweisen der lateinischen Mönche auf den Apostolischen Stuhl in Rom (und zugleich auf Aachen) abgewiesen wurde. Papst Leo III., vom Patriarchen Jerusalems angesprochen, zog sich geschmeidig aus der heiklen Affäre, indem er einerseits den Ölbergmönchen ein «Symbolum fidei», ein römisches Glaubensbekenntnis, zustellte, das den Lehrsatz über den doppelten Ausgang des Heiligen Geistes rechtfertigte, es gleichzeitig aber ablehnte, das Credo von Nicaea im Wortlaut zu verändern.

Das Offenhalten der Wege zu den heiligen Stätten der Christenheit und der Schutz der Pilger waren ein wesentlicher Teil fränkischer Orientpolitik. Voraussetzung für ihr Gelingen war eine Übereinkunft mit den seit 750 herrschenden Abbasiden in Bagdad. Die neue Metropole zwischen Tigris und Euphrat mit ihren 23 Palästen, Moscheen, Gärten und Kanälen wuchs rasch zur Millionenstadt heran. Abgesehen von der Tatsache eines regelmäßigen Austausches von Gesandten seit dem Jahr 797, zu denen ein Jude und ein nordafrikanischer Aghlabide zählten, wissen wir über den eigentlichen Inhalt der diplomatischen Kontakte herzlich wenig, bekannt ist allenfalls der Austausch wertvoller Geschenke. Nach Einharts vollmundigen Worten hatte Harun-ar-Raschid dem fränkischen König die Herrschaft über «jenen heiligen und heilsamen Ort», das heißt Jerusalem, eingeräumt, ihm wahrscheinlich eine gewisse Schutzfunktion über die Grabeskirche zugestanden. Die kostbaren Geschenke aus dem Orient erregten Staunen und Überraschung. Stoffe, Aromata, Zeltbehänge fanden Bewunderer, insbesondere ein aus Messing gearbeitetes Uhrwerk, das die Stunden mit optischen und akustischen Signalen anzeigte und damit die feinmechanisch-technische Überlegenheit der Muslime demonstrierte. Die bemerkenswerteste Geste freundschaftlichen Einvernehmens zwischen Kaiser und Kalif war indessen die Übergabe des berühmten weißen Elefanten mit dem beziehungsreichen Namen Abul Abbas nach dem Gründer der Dynastie, den der Jude Isaak in Begleitung muslimischer Gesandter zunächst auf dem Landweg nach Nordafrika, dann auf dem Seeweg nach Oberitalien und von dort auf den Spuren Hannibals über die Alpen nach Aachen brachte, wo er im Juli 802 eintraf – von seiner einzigartigen Wirkung auf die Zeitgenossen können

Der jüdische Händler Isaak und der Elefant Abul Abbas.
Ausschnitt aus dem «Atlas catalan», Spanien/Mallorca, 14. Jahrhundert

wir uns keine rechte Vorstellung mehr machen. In Afrika nördlich der Sahara gab es keine Elefanten, das gezähmte indische Exemplar zählte auch in Bagdad zu den ausgesprochenen Exoten. Der Prestigezuwachs für Karl muss unermesslich gewesen sein, die Aufmerksamkeit, die das Tier in der Pfalzmenagerie erregte, so gewaltig, dass sein Schicksal die Chronisten mehr bewegte als die Vita jedes fränkischen Großen. Der Dickhäuter inspirierte auch Künstler zu Miniaturen: So ziert der Kopf samt Rüssel die Initiale einer Handschrift aus dem 9. Jahrhundert, und ein Evangeliar Lothars I. – gegen 850 gefertigt – gibt das Tier gar in Seitenansicht und gesattelt wieder, offenbar einer relativ naturgetreuen älteren Vorlage nachgearbeitet. Auch überkommene alte wissenschaftliche Irrtümer ließen sich durch Autopsie berichtigen: So konnte der gelehrte Ire Dicuil gegen 825 in seinem Werk «De mensura orbis terrae» («Über die Ausdehnung des Erdkreises») eine Lehrmeinung des Julius Solinus aus dem 3. Jahrhundert widerlegen, nach der Elefanten sich angeblich nicht niederlegen können. Das Gegenteil sei wahr, «wie dies allgemein die Völker des Frankenreiches zur Zeit des Kaisers Karl gesehen haben!» Die offiziöse Annalistik versorgt uns mit Daten zu Leben und Tod des Tieres und stellt sein Ableben dem Sterben der Söhne Karls an die Seite. Abul Abbas ging im Herbst 810 auf dem Sammelplatz in Lippeham östlich des Rheins in die Ewigen Weidegründe ein, als ihn Karl auf dem Zug gegen König Göttrik von Dänemark als Droh- und Überraschungseffekt mitzuführen gedachte.

Was die Geschenke des Königs und Kaisers an den Kalifen betrifft, so tappen wir weitgehend im Dunkeln: Die westlichen zeitgenössischen Quellen verzichten auf Details, die (späteren) Nachrichten der arabischen Chronisten schweigen überhaupt zum diplomatischen Austausch zwischen Orient und Okzident. Es lag offenkundig nicht in ihrem Interesse, Kontakte des Kalifen zu ungläubigen Herrschern im Detail zu behandeln. Erst Notker der Stammler, ein Anekdoten- und Geschichtensammler aus der Zeit von Karls gleichnamigem Urenkel, bekannt als «der Dicke», weiß von Pferden, Maultieren, Jagdhunden und nicht zuletzt farbigen friesischen Tüchern als fränkischen Gegengaben zu berichten. Diese Stoffe sind auch aus anderen Quellen als Exportschlager der küstennahen friesischen Bauernkaufleute bekannt.

Der politische Hintergrund der Beziehungen zwischen Orient und Okzident wurde bereits skizziert: Karl war am Ausbau seiner Schutzfunktion zugunsten der Pilger und der unter muslimischer Herrschaft lebenden Christen gelegen; sein gutes Einvernehmen mit dem großen Kalifen im fernen Bagdad sollte überdies das eigene Prestige allerorten, vor allem aber in Konstantinopel steigern. Harun-ar-Raschid musste an einem Verbündeten vom Range Karls ebenfalls interessiert sein, der zu seinem eigenen Widersacher auf der Iberischen Halbinsel, dem Omaijadenemir von Córdoba, zumindest in kritischer Distanz stand, andererseits durch seine Italienpolitik die byzantinische Interessensphäre berührte und so gegnerische militärische Kräfte band. Ein diplomatisches Zusammengehen zwischen Kalifat und westlichem Imperium musste ferner die Seewege zwischen dem östlichen und westlichen Mittelmeer als Handelsrouten sicherer machen und die Piraterie sarazenischer Anrainer eindämmen, die nicht nur die Küsten, sondern auch die Inseln bedrohten.

Erstaunlicherweise zeigen die Biographien beider Herrscher interessante, unerwartete Parallelen. Beide hatten eine Mutter, die starken politischen Einfluss auf die Regierungsanfänge nahm. Beide wurden nach dem frühen Ableben eines Bruders Alleinherrscher. Beide zählten bei Herrschaftsantritt zwanzig Jahre. Und von beiden sind jeweils achtzehn Kinder namentlich bekannt; beide haben Ruhm als Förderer der Wissenschaften gewonnen, und beide haben ihr Reich für den Todesfall aufgeteilt oder dafür zumindest Sorge getragen.

So entspricht es dieser welthistorisch bestimmten Balance, wenn Einhart das Verhältnis Karls zu Harun so beschreibt: «Mit Harun […] hatte er eine derartig freundschaftliche Übereinkunft, daß dieser Karls Gunsterweise der Freundschaft aller anderen Könige und Fürsten […] vorzog und erklärte, allein ihn mit Ehrerbietigkeit und Freigebigkeit […] behandeln zu wollen.» (E. Kap. 16)

Mit der zeitweisen Übereinkunft zwischen Orient und Okzident war im welthistorischen Maßstab gewissermaßen der Bruch der Mittelmeerwelt als Folge von germanischer Völkerwanderung und muslimischer Expansion geheilt. Der Austausch zwischen den Kulturen und Religionen schien möglich, ein Geben und Nehmen jenseits von Diskriminierung und Unterdrückung denkbar.

568

Handel und Verkehr standen vor einem neuen Aufschwung mit Juden und «Syrern» als Vermittlern. So gesehen ist die Geschichte des Elefanten Abul Abbas eine Parabel auf die Möglichkeiten des Zeitalters, die damalige Welt um das Mittelmeer friedlich zusammenzuführen. Karl der Große und Harun-ar-Raschid, der als bedeutendster Abbaside gilt, haben selbst ohne ideologische Scheuklappen die Chance einer temperierten Übereinkunft zwischen Ost und West ergriffen.

Byzanz Die größte Herausforderung an diplomatisches Geschick im Umgang mit einer auswärtigen Macht bildete zweifellos das Verhältnis zum Kaiserreich am Bosporus, der Schnittstelle zwischen Ost und West, zugleich einem wichtigen Etappenziel der Pilger auf dem Landweg nach Jerusalem. Berührungen Ostroms mit den Franken als Hilfstruppen bahnten sich seit dem Ausgang des 4. Jahrhunderts an, der Merowinger Chlodwig war gar zum (Ehren-) Konsul befördert worden. Das «neue» Rom, Konstantinopel, nach seinem Gründer Kaiser Konstantin benannt, der dem Christentum zum Rang einer Staatsreligion verholfen hatte, war Sitz eines, ja *des* Kaisers geblieben. Das westliche Kaisertum mit Rom als Zentrum war 476 erloschen. Von Konstantinopel ging der Versuch Justinians I. († 567) aus, das Reich nach dem Eindringen der Germanen in den Mittelmeerraum wieder herzustellen und seiner Leitung zu unterwerfen. Es blieb bei dem Versuch; Nord- und Mittelitalien fielen außer einigen Exklaven 568 in die Hände der Langobarden, Ostrom blieb auf den Süden, vor allem die Region um Neapel, auf Kalabrien und Sizilien beschränkt. Mit dem Vormarsch der Muslime im Nahen Osten und in Nordafrika ging weiteres Staatsgebiet verloren. Eine zweite bedrohliche Front gegen Byzanz eröffneten die Bulgaren, die sich auf dem Balkan festsetzten und ähnlich den Awaren im 6. Jahrhundert auch mit tributären Verträgen fern gehalten werden mussten. Diese Zangenbewegung von außen wurde durch innenpolitische Zerwürfnisse unter dem Stichwort der «ikonoklastischen Krise» begleitet und verschärft. Streitpunkt war die dogmatisch-religiöse Auseinandersetzung um die Verehrung oder Abschaffung der Bilder. Der dogmatische Ikonoklasmus hatte die Gräben zwischen Ost und West ohnehin vertieft, so war es nur verständlich, dass Papst Zacharias, der letzte Grieche auf der Cathedra Petri, die Hilfe der fränkischen Hausmaier jenseits der Alpen anrief und mit dem berühmten Votum von 751 den Sturz der Merowingerdynastie und den Aufstieg der «Karolinger» autoritativ begründete.

In völliger Verkennung der Lage ging Byzanz 756 den neuen Frankenkönig Pippin um Rückerstattung der italienischen Exarchatsgebiete Ravenna und Pentapolis an. Ein Jahr später war es zu einem Gesandtenaustausch zwischen Kaiser und König gekommen, «amicitia et fides», also Bündnisversprechen wurden gewechselt – sogar eine Orgel als Geschenk des Basileus Konstantin V. war am Hof eingetroffen. Der berühmte Psalter von Saint Germain-des-Prés – auch «Stuttgarter Psalter» nach seinem Auf-

Byzantinische Orgel, vermutlich ein Geschenk Kaiser Konstantins V. an König Pippin III., 757. Darstellung im so genannten Stuttgarter Psalter, um 825 im Kloster Saint-Germain-des-Prés bei Paris entstanden

bewahrungsort genannt – bildet in einer Miniatur ein derartiges Musikinstrument ab. Der Gedankenaustausch wurde im folgenden Jahrzehnt fortgesetzt: Auf einer Synode in Gentilly bei Paris erörterten 767 «Römer und Griechen» vor König Pippin, dem Vater Karls, das komplizierte Filioque-Problem, vermutlich um eine gemeinsame religiöse Basis für ein familiäres Bündnis zwischen Konstantins einzigem Sohn Leon IV., dem Thronfolger, und Pippins einziger Tochter Gisela zu finden. Die Heirat kam nicht zustande, lebte aber als verbindende Idee Jahre später wieder auf. Konturen einer neuen Mittelmeerallianz zeichneten sich damit am Horizont ab – vorläufig aber blieb es beim Neben- oder gar Gegeneinander von Ost und West. Der verschmähte Leon IV. vermählte sich jedenfalls mit der später berühmt-berüchtigten Irene aus einer bilderfreundlichen hochrangigen Familie Athens; Gisela machte eine geistliche Karriere als Äbtissin des bei Paris gelegenen Klosters Chelles, hochberühmt wegen seines Skriptoriums, der «Schreibstube». Konstantin VI., Sohn Leons und der Irene, wurde bereits 780 mit zehn Jahren Inhaber des byzantinischen Kaiserthrons, und seine Mutter übernahm als Mitherrscherin die Regentschaft. Um gegen Angriffe der Muslime besser gewappnet zu sein, an deren Spitze sich der Kalifensohn Harun-ar-Raschid stellte, kam es bereits 781 erneut zu einem Heiratsprojekt zwischen Griechen und Franken; jetzt wurde Karls Tochter Rotrud zur Gemahlin des jungen Kaisers Konstantin ausersehen. Das Bündnis nahm Gestalt an, ein Notar wurde an den fränkischen Hof abgeordnet, um der jungen Fränkin das nötige kulturelle Rüstzeug, insbesondere die Sprache, zu vermitteln. Auch dieses Projekt zerschlug sich: Auslöser dafür dürfte das 786 eröffnete Konzil von Nicaea – von Konstantinopel als zweites «ökumenisches» dieses Namens reklamiert – gewesen sein, das in Anwesenheit päpstlicher Gesandter (und angeblich anderer Patriarchate) die älteren bilderfeindlichen Beschlüsse wieder aufhob und einem gemäßigten Bilderkult das Wort redete. Auf der Schlusssitzung im Oktober 787 präsidierten Konstantin und Irene im Magnaurapalast zu Konstantinopel der festlichen Versammlung. Die Franken, ob ihr König oder ihre Bischöfe, waren weder gefragt noch gar geladen worden – im Gegensatz zum Papst als höchster geistlicher Autorität des Westens. Karl löste die Verlobung seiner Tochter mit dem Kaiser; Byzanz antwortete mit einem konzentrierten Angriff auf Benevent, der abgewehrt werden konnte. Karl begnügte sich freilich nicht mit dieser Absage, die der Chronist Theophanes allerdings bestreitet, sondern ließ seine Hoftheologen, an ihrer Spitze Bischof Theodulf von Orléans, eine Gegenexpertise zu den «griechischen» Konzilsbeschlüssen ausarbeiten, die «Libri Carolini» (das «Opus Karoli»), die freilich das Missfallen des Nachfolgers Petri auslösten und bereits vor der Frankfurter Synode von 794 – geplant als spektakuläre religionspolitische Gegenveranstaltung zu Nicaea – aus dem Verkehr gezogen wurden. Die Achse Rom–Frankenreich blieb daher unbeschädigt – grundlegende Interessen banden beide Partner dauerhaft aneinander.

Zwischen oströmischem Kaiserhof und fränkischem König trat nach dem gescheiterten Eheprojekt und den theologischen Dissonanzen ein langes Stillschweigen ein. Kurz nach dem Sturz Konstantins VI. durch seine Mutter Irene im Jahr 797, die jetzt allein und autonom die Herrschaft ausübte, fand wieder eine Delegation vom Bosporus den Weg über die Alpen und überbrachte ein für Karl bestimmtes Schreiben der Kaiserin. Von Frieden ist darin die Rede. Irene musste in ihrer schwierig-ungewohnten Lage in der Zange zwischen Kalifat und Bulgarenkhan bemüht sein, zumindest im Westen eine politische Verständigung herbeizuführen. Der diplomatische Verkehr im westlichen Mittelmeer lief vorwiegend über den Patrizius auf Sizilien und damit im Schnittfeld der Interessen nordafrikanischer Emirate, der Omaijaden von al-Andalus und fränkisch-italischer Machthaber. Eine wohl aus Salzburg überlieferte Nachricht will wissen, dass die Griechen damals dem fränkischen König das «Imperium», das Kaiserreich mithin, angeboten hätten – eine Notiz, die allenfalls darauf hindeuten könnte, dass Irene bereit war, die bislang strittigen Territorialfragen – Exarchat von Ravenna, Dalmatien unter Einschluss Venedigs sowie Benevent – friedlich zu lösen. Es gab weder damals noch später eine Fraktion in der Haupt-

Goldmünze der byzantinischen Kaiserin Irene (797–802)

stadt, die bereit gewesen wäre, das oströmische Imperium einem Barbarenfürsten – dies war und blieb Karl! – zu übertragen. Der nächste Kontakt, der uns bekannt ist, datiert von 802 – nach Karls Übernahme des Kaisertitels am ersten Weihnachtstag des Jahres 800. Voller Hohn hatte der byzantinische Chronist Theophanes über diesen Vorgang berichtet und vor allem den Papst – formal noch ein Untertan des Basileus – als Täter und Spalter verurteilt. Für den griechischen Osten gab es nur einen Nachfolger Konstantins und Justinians, und dessen Sitz war Konstantinopel. In Rom und nördlich der Alpen sah man das freilich anders: Der Westen lehnte prinzipiell die «Weiberherrschaft» der Irene ab. Karls Mentor Alkuin hatte in einem bekannten Schreiben am Ausgang des 8. Jahrhunderts den Zustand der drei wesentlichen Mächte Papsttum, Imperium und (fränkisches) Königtum analysiert und war zu dem Schluss gekommen, dass ersteres beschädigt (Attentat auf Papst Leo III., 799), zweites vakant (Sturz Konstantins VI.) und nur das dritte – Karls Königtum – intakt und handlungsfähig sei.

Im Jahr 802 erschien jedenfalls eine Gesandtschaft aus dem Osten in Aachen. Diese wurde mit einer Gegengesandtschaft beantwortet: Karl war offenbar an einem Übereinkommen als Grundlage jetzt gemeinsamer «kaiserlicher» Koexistenz gelegen. Theophanes berichtet wohl nur Klatsch aus der Gerüchteküche des oströmischen Palastes, wenn er meldet, Irene habe den Vorschlag unterbreitet, Karl zu ehelichen, um so «die östlichen und die westlichen Teile [des Imperiums]» zu vereinigen. Dies sei aber an den Widerständen am Hofe gescheitert, der bereits die interne Nachfolge der damals kinderlosen (und kranken) Kaiserin vorbereitete.

Irenes Tage als Herrscherin waren ohnedies gezählt. Die Abwesenheit weiterer Thronprätendenten von der Hauptstadt wurde von der Opposition genutzt, und so kam es am 31. Oktober 802 in Konstantinopel zum Sturz der Kaiserin. Am selben Tag wurde der Logothet Nikephorus als Kaiser dieses Namens gekrönt. Dieser bemühte sich zunächst um Sicherung des Status quo im Westen und gab der Delegation Karls, die Zeuge des Umsturzes vor Ort gewesen war, eigene Gesandte mit, die Karl im mainfränkischen Salz aufsuchten. Die Aufnahme von dauerhaften Beziehungen zum «westlichen» Kaiser blieb allerdings aus.

Nikephorus plagten andere Sorgen. So musste er den 803 aufgekündigten Waffenstillstand mit dem Kalifen 806 unter demütigenden Bedingungen erneuern, um den Abwehrkampf gegen die andrängenden Bulgaren überhaupt führen zu können. Erste Kriegstriumphe ließen sich nicht in dauerhafte Erfolge ummünzen. Bei einer Verfolgung des geschlagenen Bulgarenkhans ins Gebirge fand der Kaiser 811 den Tod, der Thronfolger Staurakios wurde so schwer verletzt, dass auch er bald seinen Wunden erlag und die Grenze nach Nordosten wieder offen stand. Am 2. Oktober 811 bestieg Michael I. Rangabe den Thron. Er wird zum eigentlichen Verhandlungspartner Karls in den letzten Jahren seines Lebens. Eine Annäherung zwischen Ost und West, die auch Rom einbezog, wurde in diesen Jahren durch die Tatsache begünstigt, dass es Karls Sohn Pippin, dem König von Italien, noch zu Zeiten Kaiser Nikephorus' I. gelungen war, mit Hilfe italischer Flottenverbände Venedig, die spätere Serenissima, zur Kapitulation und Anerkennung der fränkischen Oberhoheit zu zwingen. Selbst ein Ausgreifen Pippins an die dalmatinische Küste schien möglich, wurde aber durch eine byzantinische Flotte unterbunden. Die Zeit für ein dauerhaftes Abkommen schien reif, eine Abgrenzung der Interessen geboten. Kaiser Nikephorus I. schickte deshalb 810 einen hochrangigen Boten zum König von Italien, um auf einer protokollarisch tieferen Stufe – gemessen am Kaisertum – wieder Kontakte mit den Franken aufzunehmen. Pippin war indessen am 8. Juli 810 gestorben – Karl ergriff aber sofort die Gelegenheit, lud den Würdenträger nach Aachen, und verstärkt um eine fränkische Delegation machte sich der byzantinische Gesandte auf die

Karl an Kaiser Nikephorus I. (Anfang 811)

[...] gleichsam in einer Höhle verborgen und wie in langer Erwartung gespannt, standen wir bereit, sei es durch Boten, sei es durch einen Brief, nach dem Verdienst unserer Schreiben die Antworten Deiner liebenswerten Brüderlichkeit zu empfangen.
Ferner hat es dem allmächtigen Gott gefallen, wenn auch nicht in dem Maße, in dem wir dieses sollten, sondern nach Maßgabe, wie wir es konnten, daß er das Herz Eurer Liebe, wie wir es wünschten und wollten, mit dem Willen zum Frieden erfüllt hat.
Daher haben wir keine Zeit verloren, sondern alles Zögern und Zweifeln hintangestellt und unsere Gesandten vorbereitet, um sie zu Deiner liebenswerten Brüderlichkeit zu schicken.
MGH Epp. IV, Nr. 32, S. 546ff.

Heimreise, im Gepäck das erste überlieferte Schreiben eines «westlichen» Kaisers an seinen «Bruder» im Osten. Karl dürfte den Verzicht auf die dalmatinischen Küstenstädte und Venedig angedeutet haben – angesichts des Fehlens einer Flotte ein geringes Zugeständnis.

Mit Venedig wurde in diesen Jahren ein Vertrag ausgehandelt, der dem Brückenkopf zwischen Ost und West wichtige Handelsprivilegien und politische Spielräume gewährte, dem Reich aber den Zugang zur Adria offen hielt.

Karl, der sich nach dem Wortlaut des zitierten Briefes an seinen östlichen «Bruder» gleichsam «wie in einer Höhle verborgen» gefühlt und auf Zeichen vom Bosporus gewartet hatte, sah sich wohl am Ziel seiner Wünsche. Allerdings erlebte die Anfang 811 nach Byzanz aufgebrochene fränkische Delegation – vergleichbar den Ereignissen des Jahres 802 – wiederum einen Herrscherwechsel. Auch Michael I. entsandte Boten an den «Kaiser der Franken», wie Theophanes jetzt formuliert, die um einen Friedensvertrag nachsuchten und erneut – zum dritten Mal innerhalb eines halben Jahrhunderts! – ein Heiratsprojekt ventilierten. Diese Gesandten erreichten Aachen im Jahr 812; in öffentlicher Sitzung ehrten sie Karl in griechischer Sprache und nannten ihn «imperator» und «basileus». Ihrem eigenen Kaisertitel fügten die Herrscher am Bosporus bald den Genetiv «der Römer» an, um so ihre Überlegenheit über den westlichen «Bruder» sichtbar zu machen. Als protokollarisch gleichberechtigt erkannte Ostrom nur den Kalifen als Nachfolger der persischen Sassanidenkönige an. Karl und sein Sohn Ludwig begnügten sich hingegen mit dem schlichten «imperator». Damit war das «Zweikaiserproblem» im Kontext territorialen Ausgleichs gelöst, ja Koexistenz verbürgt. Die staatsrechtliche Konsequenz aus dieser Anerkennung zog Karl bereits mit der Aachener Erhebung seines ihm als alleinigem Erben und Nachfolger verbliebenen Sohnes Ludwig zum Mitkaiser im Jahr 813.

Sieht man von dem potenziell kriegerischen Intermezzo mit den Dänen nach 808 ab, das wesentlich durch deren aggressive Politik entstanden war, so ist Karls Außenpolitik nach 795 vom Wunsch nach Ausgleich, Koexistenz und Frieden geprägt: Das Einvernehmen mit Bagdad sicherte die ruhige Existenz christlicher Gemeinden von Jerusalem bis Karthago, zugleich den geschützten Zugang für Pilger zu den heiligen Stätten in Palästina, den Austausch wichtiger Handelsgüter, insbesondere die Einfuhr von Luxusgütern für die Oberschicht und kirchliche Bedürfnisse. Die Übereinkunft mit Byzanz hingegen «ratifizierte» letztlich die Eroberung des Langobardenreichs durch die Franken und das Bündnis mit dem Papsttum. Dieses hatte sich mit der Kaiserkrönung Karls endgültig und dauerhaft von der Vormacht am Bosporus emanzipiert. Existenz und Anerkennung des westlichen Kaisertums stehen am Eingang zur mittelalterlichen Geschichte Europas. Die spätantike Einheit des Mittelmeerraumes blieb aufgeteilt in die griechische Orthodoxie, die römische Latinität und den orientalischen Islam, deren Mit- und Gegeneinander für ein Jahrtausend das Geschick von drei Kontinenten bestimmt hat.

Kaisertum und Nachfolge

Die Kaiserkrönung am Weihnachtsmorgen 800

Es gibt in der europäischen Geschichte kaum ein Ereignis, das sich dem kollektiven Bewusstsein mehr eingeprägt hat als die Kaiserkrönung Karls am Morgen des ersten Weihnachtstages des Jahres 800 in Rom.[16] Ein epochales Datum! Damit wurde die Würde wieder belebt, die im Westen seit der Abdankung des Romulus Augustulus 476 vakant war, während sie im Osten des längst zerbrochenen Römischen Reiches im Basileus weiterlebte, der damit einen Alleinvertretungsanspruch auf die Nachfolge der Caesaren für sich reklamieren konnte. Ging diese imperiale Würde mit der Einnahme Konstantinopels 1453 durch die Türken zugrunde, so bestand die westliche Variante bis zum Ende des Alten Reichs 1806 fort und fand sogar in der Habsburger Doppelmonarchie und im Deutschen Reich bis 1918 eine Fortsetzung.

Über die Vorgänge, die zu dem Ereignis des Jahres 800 führten, zumal über deren Motivation und über die Folgen für den weiteren Geschichtsverlauf sind Ströme von Tinte vergossen worden. Bereits die Zeitgenossen, im Netz der eigenen Beobachtungen, Erwartungen und Befürchtungen gefangen, oft genug Partei und selten selbst Zeugen des Geschehens, bieten eine bunte Palette von Berichten und Deutungen an, die zumindest unterschiedliche, von verschiedenen Interessen geleitete Akzente setzen. Auch unsere geraffte Interpretation kann nicht mehr als ein weiterer Versuch sein, das Kaleidoskop der Möglichkeiten in einem Ruhemoment zu erfassen.

Es gibt weder einen Schriftwechsel noch eine Aussage Karls oder seines Umkreises, die im Vorfeld der Kaiserkrönung 800 auf einen Plan und damit auf intentionales Handeln des fränkischen Königs zur Erlangung der Kaiserwürde schließen lassen.

Karls Königtum verstand sich, sofern wir verschiedene Zeugnisse in Urkunden, Briefen und Erlassen ins Blickfeld nehmen, als «Gottesgnadentum», vor allem angereichert aus Vorbildern des

Alten Testaments und seiner Könige – zumal David und Salomon – und des ersten christlichen Kaisers Konstantin, auf den insbesondere die Päpste als verpflichtenden Vorgänger – Schenkung! – hinwiesen. Diese alttestamentarisch-spätantiken Bezüge ergänzten und überformten die fränkisch-volkstümliche Auffassung vom Königtum als Spitze einer ideellen Gefolgschaft in Friedens- und Kriegszeiten, der sich alle «Freien» zuordneten. Der König war Anführer des Heeres, er rief die Jahresversammlung auf dem Maifeld ein, sein Gericht war die letzte Appellationsinstanz. Der König war – da es weder eine tatsächliche noch eine begriffliche Abgrenzung zwischen «Staat» und «Kirche» gab – allzuständig im Sinne des Wortes. So erklärte Karl etwa dem neu gewählten Papst Leo III. in einem Glückwunsch- und Ermahnungsschreiben Anfang 796 mit oft zitierten Worten die Aufgabenteilung zwischen «regnum» und «sacerdotium».

Karl an Papst Leo III. (796)
Unsere Aufgabe ist: Gemäß der Hilfe der göttlichen Zuwendung die Kirche Christi vor dem Einfall der Heiden und vor den Verwüstungen der Ungläubigen nach außen hin zu verteidigen und im Inneren die Anerkennung des katholischen Glaubens zu sichern.
Eure Aufgabe ist es, heiligster Vater: Erhebt mit Moses zur Unterstützung unseres Heeres die Hände, damit das christliche Volk durch Eure Fürsprache mit Gott als Führer [...] überall den Sieg erringen und der Name unseres Herrn Jesus Christus in der ganzen Welt verklärt werden möge.
MGH Epp. IV, Nr. 93, S. 136f.

Trotz dieser beanspruchten Kompetenzdichte war Karl kein König und Priester zugleich, wie einst Melchisedek im Alten Testament; so nahm er niemals priesterliche Funktionen wahr wie Weihehandlungen oder das Austeilen der Sakramente. Er führte aber – dem Basileus (und bereits Konstantin!) entsprechend – den Vorsitz auf Synoden, nach seinem Willen wurde die geistliche Hierarchie im Reich bestellt. Bischöfe und Äbte, Klöster wie Lorsch oder Prüm unterstanden ihm als königlichem Eigenkirchenherrn. Was konnte also der Titel, die imperiale Würde seiner Herrschaft an tatsächlicher Macht noch hinzufügen? Wer so fragt, verkennt das zutiefst irrationale, gefühlsmäßige Element, das wesentlich mit jeglichem menschlichen Tun und Lassen, auch und gerade des Staatsmannes, verbunden ist. Erinnern wir uns: Hatte nicht Karl, späteren Aussagen zufolge, «gleichsam in einer Höhle verborgen» – als Kaiser – auf einen Gruß des «Bruders», auf Nachrichten aus

Konstantinopel gehofft, auch als Vorstufe einer Annäherung, ja Anerkennung durch den Basileus?

Wir wissen freilich nicht, seit wann sich Karl mit dem Gedanken einer Rangerhöhung getragen hat. So ist auch unbekannt, ob das bemerkenswerte Geschehen des 25. Dezember 800 nicht bereits Monate zuvor geplant oder aber erst wenige Wochen vor der Krönung in Rom selbst vorbereitet worden ist. Einhart, Karls Biograph, will uns glauben machen, Karl sei gänzlich von dem Ereignis überrascht worden und hätte – nach Aussage des Kaisers selbst – St. Peter an dem heiligen Morgen nicht betreten, wenn ihm die Absicht des Papstes zur Kaiserkrönung bekannt gewesen wäre. Diese Lesart hat aus mancherlei Gründen wenig Wahrscheinlichkeit für sich; die Weihnachtsliturgie besaß für den frommen König ihr eigenes Gewicht, die Krönung mit einem Reif und begleitender Akklamation in Form einer Litanei bedurfte eines entsprechenden Vorlaufs. Karls Aussage erklärt sich wohl aus dem Ärger, der ihm aus der Reaktion seines Konkurrenten am Bosporus erwuchs, und aus seinem Missfallen an der prominenten Rolle, die Papst und Römer bei der Zeremonie spielten.

Wesentlich substanzieller und zugleich den Vorstellungen Karls und seiner Berater bedeutend näher sind die Überlegungen, die ein Zeuge des Geschehens, Abt Richbot von Lorsch, zugleich Bischof von Trier, in seinem zeitgleichen Jahresbericht anstellt: «Und weil damals auf Seiten der Griechen die Kaiserwürde aufgehört hatte [vakant war], ist es damals sowohl dem Papst Leo als auch allen heiligen Vätern […] und dem übrigen Volk als richtig erschienen, dass sie jenen Karl, den König der Franken, als Kaiser bezeichnen sollten, der jenes Rom hielt, wo immer die Caesaren zu sitzen pflegten, sowie die übrigen Sitze, die er in Italien oder in Gallien oder in Germanien [!] hielt; und weil Gott all diese Sitze in seine Gewalt gegeben hat, deshalb schien es gerecht, dass er mit Gottes Hilfe und auf Bitten des Volkes jenen Namen haben sollte.» Diese Lesart lässt Vorhaben und Umsetzung relativ eng an das Ereignis selbst rücken.

Was war zuvor in Rom geschehen? Nach dem Ableben Papst Hadrians I. Ende 795 war bereits nach zwei Tagen sein Nachfolger bestellt worden, der Kardinalpriester Leo. Vergleichsweise obskurer Herkunft, war er als Verwalter der päpstlichen Kleiderkammer

Grabplatte aus schwarzem Marmor für Papst Hadrian I. († 795) in der Vorhalle von St. Peter in Rom. Sie ist eine Stiftung Karls des Großen. Der Text stammt von Alkuin, das Material aus Dinant (Belgien)

«von innen» auf den Stuhl Petri gelangt. Ihm ging – auch jenseits der Alpen – kein guter Ruf voraus; man munkelte über sittliche Verfehlungen und Ämterschacher. Jedenfalls erhielt er aus der Hand Karls ein vergiftetes Glückwunschschreiben zu seinem Pontifikatsbeginn, das ihn vor Gott und den Menschen zu wohlgefälliger Lebensführung anhielt. Ein denkwürdiges Briefzeugnis!

Leo III. musste sich von Beginn seiner Amtsführung an mit einer innervatikanischen Fronde auseinander setzen. Die Feindseligkeiten seiner Gegner eskalierten während der Vorbereitungen zu einer der vier öffentlichen päpstlichen Jahresprozessionen, der «Litania maior» am Tag des heiligen Markus, am 25. April 799. Die Verschwörer, angeführt von zwei hohen Kurialen, überfielen den wehrlosen, zu Pferde sitzenden Papst, suchten ihn zu blenden und seiner Zunge zu berauben, um ihn amtsunfähig zu machen. Dies misslang; Leo galt indessen durch ein göttliches Wunder wieder hergestellt (und damit rehabilitiert). Der Pontifex vermochte über Klostermauern zu Herzog Winigis von Spoleto zu fliehen; dieser hielt sich in der Nähe Roms auf oder war auf die Kunde vom Attentat hin herbeigeeilt. Gelegentlich wird in der neueren Forschung die These vertreten, Karl habe von diesem Attentat gewusst oder sei gar an dessen Planung beteiligt gewesen.[17] Abgesehen vom unzeitgemäßen Machiavellismus dieser Annahme stellt sich die Frage nach dem politischen Nutzen, der für Karl in der Beseitigung des relativ schwachen Papstes gelegen hätte. Der Vorteil ist nicht zu erkennen – von den Zeitgenossen hat niemand einen derartigen Verdacht geäußert, zumal die Abfolge der späteren Ereignisse (Aufnahme Leos jenseits der Alpen, seine Restitution in Rom, auch die Kaiserkrönung selbst) gegen diese Hypothese spricht.

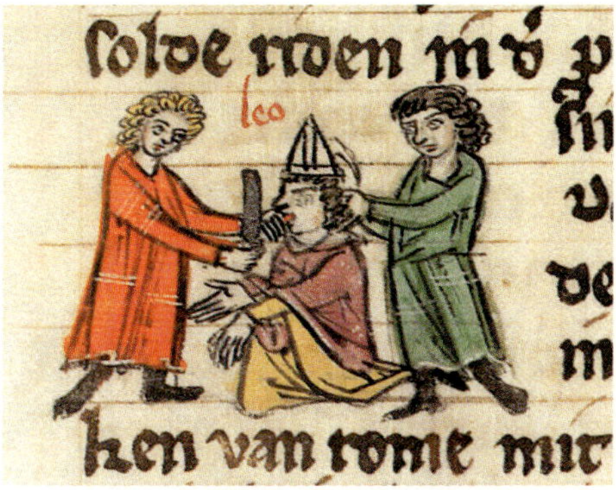

Das Attentat auf Papst Leo III., Buchmalerei, um 1270, im Exemplar der «Sächsischen Weltchronik» aus Gotha

Der Papst floh zu seiner Schutzmacht, dem fränkischen König. Karl empfing ihn im Sommer 799 in seiner Pfalz Paderborn im fernen Sachsenland. Demonstrativ ließ Karl den römischen Pontifex an die Grenzen der Ökumene geleiten, und demonstrativ führte er ihm Macht und Einfluss des fränkischen Königs vor Augen, auch als «Prediger mit der eisernen Zunge». Ob freilich damals eine Art Kaiserplan erörtert worden ist, muss zweifelhaft bleiben. Leos vordringliches Interesse galt seiner Rückführung als Papst nach Rom, der Verurteilung und Bestrafung der Täter. Das so genannte Paderborner Epos, verfasst wenige Jahre nach dem spektakulären Ereignis, schweigt sich in dieser Frage aus, auch wenn Aachen als «neues Rom» Erwähnung findet.

Leos aktuelle Vorstellungen vom Verhältnis der beiden Gewalten, «regnum» und «sacerdotium», geistliches und weltliches Amt, das bereits Papst Gelasius I. in einer berühmten Dekretale vom Ausgang des 5. Jahrhunderts zugunsten des Priestertums gelöst hatte, erläutert ein in jenen Monaten konzipiertes und angebrachtes Mosaik im Triklinium – dem Speisesaal – des Lateran-

Aquarellierte Zeichnung des um 799/800 entstandenen Mosaiks im Triklinium des Lateranpalastes, Rom, ausgeführt um 1595 von Alfonso Ciacconio. Der thronende Petrus verleiht dem knienden Papst Leo III. die geistliche und dem ebenfalls knienden Karl die weltliche Macht.

palastes. Dieses ist zwar verschwunden, aber in späteren Zeichnungen und Nachbildungen in seinen wesentlichen Elementen überliefert: Papst Leo III. (auf der rechten, der Ehrenseite) und König Karl knien vor dem sitzenden heiligen Petrus, der dem Papst das Pallium als Zeichen seiner Würde, dem König aber eine Fahne überreicht. Beigeschrieben steht: «Heiliger Petrus, Du gibst das Leben Papst Leo und Du gibst Sieg dem König Karl.» In dieser Bildaussage, die Karl als König mit dem Schutz Roms und der römischen Kirche beauftragt, fehlt jeder Hinweis auf das (zukünftige) Kaisertum. Dies ist aus Sicht des Papstes umso verständlicher, als die wenig ältere umfangreiche Fälschung auf den großen Konstantin, die «Konstantinische Schenkung», ausdrücklich den Verzicht des Kaisers auf jegliche Herrschaft in der Ewigen Stadt als Prämisse kaisergleicher Machtfülle des Papstes artikuliert.

Auch Alkuin, damals bereits Abt von Tours, dessen Briefe am ehesten Zeugnis für die aktuelle Stimmung im Umfeld des Königs ablegen, sieht in Karl immer noch und vor allem den neuen David als Begründer eines immerwährenden Königtums. In einem bemerkenswerten Schreiben nimmt der Angelsachse gar grundsätzlich Stellung zur «Weltlage» und der Machtverteilung zwischen Ost und West, wobei freilich das islamische Kalifat als Großmacht interessanterweise ausgeschlossen bleibt. Karl allein – Kaisertum und Papsttum sind vakant – kann und muss handeln.

Von Paderborn aus ging Ende des Jahres 799 eine hochrangige Gesandtschaft als Begleitung des Papstes nach Rom, um die Vorfälle vor Ort zu untersuchen und den König sachgerecht zu informieren. Leo wird in der Ewigen Stadt angeblich in Ehren von allen wieder aufgenommen, die beiden Anführer des versuchten Umsturzes verhaftet und über die Alpen an den Hof gebracht. Aus ihren Aussagen und aus Gerüchten, die aus Rom zu Karl drangen, ergaben sich erneut massive Vorwürfe gegen die Lebens- und Amtsführung Leos, Aussagen, die das bevorstehende juristische Verfahren – ohnedies ohne Beispiel – nicht gerade erleichterten. Zudem musste die heikle Frage gelöst werden, wie denn mit dem Papst umzugehen sei, der nach einer frühen (gefälschten) Dekretale von niemandem gerichtet werden dürfe, dies sei dem göttlichen Urteil vorbehalten.

Angesichts dieser vielfältigen Schwierigkeiten verwundert es nicht, dass Karl mit seiner Romfahrt zögerte und zunächst zwecks Beratung und Gebet um bessere Einsicht im Frühjahr 800 eine ausgedehnte Pilgerreise in die Francia unternahm, St. Riquier und Tours aufsuchte und sich mit den Äbten Angilbert und Alkuin beriet, zugleich auch seine Söhne und Nachfolger Karl, Ludwig und Pippin zu sich rief.

Ein Hoftag zu Mainz im Sommer 800 bildete schließlich den Auftakt zur letzten Romfahrt Karls in Begleitung von Karl und Pippin sowie seiner Töchter. König Ludwig blieb als «Statthalter» diesseits der Alpen. Der Weg führte über Ravenna und den wichtigen Hafen Ancona in Richtung Rom – nur Pippin wurde mit einer Heeresabteilung gegen Benevent entsandt, mit wenig Erfolg.

Am vierzehnten Meilenstein, bei Mentana, wurde der König am 23. November 800 vom Papst und dessen Gefolge feierlich eingeholt und mit einem Festmahl geehrt. Ob dies bereits einem «kaiserlichen» Adventus (Empfang) entsprach, bleibe dahingestellt – jedenfalls übertraf der zeremonielle Aufwand zumindest die Karl 774 erwiesenen protokollarischen Ehren bei weitem. Am folgenden Tag – Leo III. war dem König vorausgeeilt – empfing der Pontifex den Frankenherrscher auf der obersten Stufe des Atriums von St. Peter und geleitete ihn in die Basilika des großen Konstantin. Das Geschehen nahm seinen Lauf und wurde zum Weltereignis.

Eine Woche nach Karls Ankunft trat unter dem Vorsitz des Königs in St. Peter eine Versammlung hochrangiger Würdenträger zusammen, um die Causa Leos abschließend zu behandeln. Ohne erneut den Sachverhalt – durch eingehende Befragung der anwesenden Hauptübeltäter etwa – zu erörtern, sah sich die Synode aufgefordert, über Schuld oder Unschuld des Papstes zu erkennen. Dies stieß auf einmütige Ablehnung, denn, so sagten die Kirchenväter: «Dieser – der Apostolische Stuhl – ist von niemandem zu richten!» Leo selbst durchschlug den Gordischen Knoten, indem er sich zu einem Reinigungseid verstand, den er – ohne damit einen Präzedenzfall für seine Nachfolger geben zu wollen, wie er betonte – drei Wochen später (!) am 23. Dezember vor der Versammlung zum Zeichen seiner Unschuld ablegte. Über die Missetäter wurde nicht befunden – war es die Frage der Kompetenz? Auf Exil oder Tod in Rom konnte nur Byzanz entscheiden.

In diesen Tagen vor dem Weihnachtsfest kehrte der bereits erwähnte Hofpriester Zacharias aus Jerusalem zurück, im Gepäck hatte er die Schlüssel zu den heiligen Stätten und eine Fahne der Stadt – «realpolitisch» von geringer Bedeutung angesichts der tatsächlichen Machtverhältnisse im Nahen Osten, aber von höchstem Wert für das Prestige Karls als «protector sancti sepulcri» («Schützer des Heiligen Grabes»).

Der König stand im Zenit seiner Laufbahn: Karl war längst über Status und Machtfülle eines Königs, selbst eines Doppelkönigs der Franken und Langobarden hinausgewachsen. Es bedurfte eines zusätzlichen Ranges, um die Reichweite seiner Herrschaft und seiner umfassenden Autorität sichtbar zu machen. Dieser konnte seit den Tagen des Augustus und Konstantins nur der Titel des «Imperators» oder «Caesars», des «Kaisers» sein. Diese Rangerhöhung brachte auch die Angleichung an den «Bruder» in Kon-

Die Kaiserkrönung Karls des Großen durch Leo III. in Alt-St. Peter. Miniatur von Jean Fouquet in einer Handschrift der «Grandes Chroniques de France», um 1450. Die Miniatur ist die erste künstlerische Wiedergabe des Inneren von Alt-St. Peter

stantinopel, den Basileus, und schuf die Voraussetzung zur endgültigen Bereinigung der Causa Leos und zur Bestrafung der Täter.

Der Akt in der Peterskirche am Morgen des ersten Weihnachtstages 800 konnte Karl schlechterdings nicht überraschen – die Vorbereitungen, zu denen die Anfertigung der «Kaiser»-Krone und die Einstudierung der akklamierenden Chöre gehörten, dürften die drei Wochen vor dem Fest ausgefüllt haben. Lediglich das Procedere in den einzelnen Schritten der Erhebung mag ohne vorherige präzise Absprache zwischen Papst und König geblieben sein, sodass Karl seinen Ärger nachträglich, wie Einhart berichtet, artikulierte.

Das Muster einer Kaisererhebung war allein in Konstantinopel zu finden, die ihrerseits noch teilweise an alte römische Traditionen anknüpfte. So war für die Annahme von Titel und Funktion des Kaisers Wahl und Ausrufung durch Senat und Volk im Hippodrom, der palastnah gelegenen alten Pferderennbahn, konstitutiv, während die spätere Krönung des Basileus durch den Patriarchen von Konstantinopel auf dem Ambo in der Hagia Sophia sakrales Beiwerk blieb.

Einen Senat mit dieser Kompetenz gab es in Rom nicht mehr, auch wenn die Fälschung auf Konstantin den Angehörigen der päpstlichen Kurie einen derartigen Rang zumaß. So übernahm der Papst die entscheidende Initiative bei dem Krönungsakt während der Messe vor der Confessio, dem Grabaltar St. Peters. Unterstützt wurde diese Weihehandlung durch akklamierende Zurufe der Anwesenden: «Karl, dem allerfrömmsten Augustus, von Gott gekrönt, dem großen und friedspendenden Imperator, Leben und Sieg.» Danach salbte der Papst Karls gleichnamigen Sohn zum König. Erst nach seiner Rangerhöhung war Karl bereit, seiner rechten Hand den Königstitel zu verleihen – bis dahin konnte es nur einen «König der Franken» geben, ihn selbst. Der Kaiser brachte dem Petrusaltar aufwendige Weihegeschenke dar. Leo III. versäumte nicht, sich vor Karl auf den Boden zu werfen und damit dem neuen Herrscher, wie in Byzanz üblich, die Proskynese, den Fußfall, zu erweisen. Die Lorscher Annalen aus der Feder Abt Richbots verkürzen – offenbar ganz im Sinne Karls – die schöpferische Rolle des Papstes bei der Erneuerung des «westlichen» Kaisertums, das freilich ein durchaus «mittelalterliches» werden sollte. Ein drittes Mal hatte sich der Apostolische Stuhl aber als wichtigster Geburtshelfer der zweiten fränkischen Königsdynastie erwiesen: in den Jahren 751/54 durch das Rechtsgutachten und die Salbung Pippins und seiner Söhne, 781 durch die Bestellung Pippins und Ludwigs zu Königen von Italien und Aquitanien und jetzt 800 in der Erneuerung des Caesarentitels. Kaisertum und Papsttum bildeten hinfort eine janusköpfige Einheit als ein Charakteristikum des mittelalterlichen Europa.

Jetzt konnte auch römisches Kaiserrecht gegen die Verschwörer und Attentäter angewandt werden. Mit den Worten der so genannten Reichsannalen: «Es wurde eine Untersuchung nach römischem Recht durchgeführt, und sie wurden als Majestätsverbrecher zum Tode verurteilt.» Somit diente das Delikt des Majestätsverbrechens, das «Crimen lesae maiestatis», das nicht nur Angriffe auf die Person des «princeps», sondern auch gegen die «res publica» und ihre Organe mit härtesten Strafen bedrohte, als Rechtsgrund zur Aburteilung der Verschwörer. Zugleich war die Rechtskompetenz von Byzanz für den Westen erloschen. Die Verurteilten wurden auf Bitten Leos III. nicht hingerichtet, sondern zur Verbannung in der Francia verurteilt, aus der sie nach dem Tod des Papstes 816 wieder nach Rom zurückkehrten,

Da sich Karl – soweit wir sehen können – jeglicher Eingriffe in die Verhältnisse Roms (Stadt und Kirche) enthielt, blieben Kompetenz und Funktion des erneuerten Kaisertums über den Rechtsfall hinaus durchaus offen. Die Königskanzlei hatte offenbar Mühe, die Rangerhöhung ihres Herrn in eine adäquate Titulatur umzusetzen. Erst auf dem Rückzug ins Frankenreich, nach einem kurzen Aufenthalt in Ravenna, dem Ort, der für Karls «Antikenrezeption» in Bauformen und Ausgestaltung höchster Rang zukommt, fand ein Formular in einer Urkunde für die Abtei Nonantola am 29. Mai 801 erstmals Verwendung, das bis 812 das übliche bleiben sollte: «Karolus serenissimus augustus a Deo coronatus [von Gott gekrönt!] magnus pacificus imperator Romanum imperium gubernans [der das Römische Reich leitet], qui et per misericordiam dei rex Francorum et Langobardorum.»

Die komplizierte Formel veranschaulicht sehr subtil zweierlei: Der Herrscher bleibt König der Franken und Langobarden. Er steht an der Spitze eines zweifachen Gefolgschaftsverbandes. Hinzu tritt die Lenkung einer Institution, des Römischen Reiches, als Teil des einstigen Imperiums. Karl ist aber weder römischer Kaiser noch Kaiser der Römer, er ist Kaiser und «Steuermann des Römischen Reiches». Erst der Friedensschluss mit Byzanz als formelle Besiegelung der Koexistenz beider Imperien führte zu einer Begradigung auch der Titulaturen. Fügte der Basileus seiner Dignität den Zusatz «der Römer» an, um damit die einzigartige Herkunft und Würde seines Kaisertums zu betonen, so verzichtete Karl – wie auch sein Sohn und Nachfolger – auf die komplexe Steuermannsformel «Romanum imperium gubernans» und führte wie sein «Bruder» im Osten den Imperator-Titel.

Das «westliche» Kaisertum ist tatsächlich eine mittelalterliche Neuschöpfung, die zwar ältere römische Traditionen aufgreift und Anleihen in Byzanz macht, diese Elemente aber zu einem neuartigen Ganzen verbindet. Rom bleibt zwar im Zentrum der Institution – die so genannte Aachener Kaiseridee germanischer Herkunft ist eine zeitgebundene Fiktion der älteren Forschung –, aber nicht das Volk, der Senat oder gar das Heer sind die Kaisermacher, sondern auf Dauer der Papst nach dem denkwürdigen Vorgang des Jahres 800. Die Verbindung von Kaisertum und Papsttum erwies sich als so eng, dass bereits in der Mitte des 9. Jahrhunderts die Vorstellung aufkam, der Nachfolger Petri habe die kaiserliche Würde in einer «translatio imperii» («Überführung des Reiches») von den Griechen auf die Franken übertragen.

Das politische Testament von 806

So wichtig Karl auch immer die Anerkennung als gleichberechtigter politischer Partner von Byzanz gewesen sein mag, so wenig war er blind für die Gefahren, die sich aus dem päpstlichen Vorgehen, dem «Schöpfungsakt» des ersten Weihnachtstages 800, für die Zukunft ergeben konnten. Davon zeugt der Bericht Einharts über Karls Unwillen, davon zeugt auch das politische Testament, die berühmte *Divisio regnorum*, aufgesetzt 806 in Diedenhofen (Thionville) nahe Metz, der Stadt des heiligen Arnulf, eines der Urahnen der Karolinger von der mittleren Mosel.[18]

Karl verfügt mit diesem Dokument, das Papst Leo III. zur Unterschrift vorgelegt worden ist, im Bewusstsein voller herrscherlicher und väterlicher Gewalt über das Reich. Orientiert an den Grundsätzen fränkischen Erbrechts überweist er jedem seiner drei nachfolgeberechtigten Söhne aus der Ehe mit der 783 verstorbenen Alemannin Hildegard – Karl, Pippin und Ludwig – einen gleichgewichtigen Teil des *regnum vel imperium* (*zugleich König- und Kaiserreich*) zur Herrschaft. Karl orientierte sich am politischen Status quo des Jahres 806: So erhielt Ludwig ein Regnum mit dem Zentrum im Süden, in Aquitanien und der Gascogne, ergänzt um Teile Burgunds und um Küstenstreifen am Mittelmeer, Pippin bekam Italien, dem Bayern und Alemannien südlich der Donau eingefügt wurden, und für Karl als ältestem Sohn war der «Rest», die Francia, die Kernlande mit den ostrheinischen Territorien, vorgesehen. Teilungsmodalitäten für den Todesfall der Erben – auch die Aufteilung der Francia zwischen Ludwig und Pippin – rundeten

Die Teilung des Reichs 806. Karl der Große steht seinen Söhnen Karl, Pippin und Ludwig im Habitus des Gebieters gegenüber und teilt sein Reich zwischen ihnen. Miniatur in einer Handschrift der «Chroniques des Rois de France», 15. Jahrhundert

diese Bestimmungen ab. Aber auch das Eintrittsrecht geeigneter Enkel gilt als mögliche Alternative zur Fortführung der Herrschaft in den einzelnen Regna. Vom Kaisertum und seiner Weitergabe verlautet angesichts der dreiteiligen Regelung unter den Erben nichts, obwohl der Herrscher die zukünftige Innen- und Außenpolitik sehr detailliert in Vorschriften fasst.[19] Offenbar war sich Karl damals nicht im Klaren, ob, wie und an wen er gegebenenfalls diese Institution, die im Gegensatz zum Königtum nicht teilbar war, weitergeben sollte. Er ließ das heikle Problem – noch fehlte damals auch die Anerkennung des östlichen «Bruders» – vorläufig in der Schwebe und provozierte damit nicht jenen Streit, den sein Nachfolger Ludwig der Fromme zwischen sich und seinen Söhnen auslöste, als er ohne zwingende Not bereits 817 seinen ältesten

Sohn Lothar zum Mitkaiser und Erben des Imperiums vor Pippin und Ludwig, seinen jüngeren Erben, bestellte.

Karl ordnete 806 auch nicht den Schutz der römischen Kirche, des Papsttums zumal, dem Kaisertum als Instanz zu, sondern deklarierte diese Pflicht als allgemeine Familienaufgabe. Der Tod der älteren Söhne Karl und Pippin, 810 und 811, machte das politische Testament hinfällig. Zwar überließ der Herrscher seinem Enkel Bernhard, Sohn König Pippins, um 812 Italien als Regnum – das restliche Imperium sollte nach dem Tod Karls der Alleinherrschaft König Ludwigs von Aquitanien zufallen. Mit dieser «Monarchie» bot sich zugleich Chance und Gelegenheit, erneut über die Zukunft und die Weitergabe des Kaisertums nachzudenken und zu befinden. Spät, fast am Ende seiner langen Regierungszeit, fand sich der Frankenherrscher zu diesem Schritt bereit. Auf einer Versammlung in Aachen im September 813 fragte er nach Auskunft eines Chronisten die Anwesenden *vom Größten bis zum Kleinsten [der Großen], ob es ihnen gefiele, daß er seinen Namen, d. h. den des Kaisers, auf seinen Sohn Ludwig übertragen solle*, was mit Beifall aufgenommen worden sei. Wenige Tage später wurde Ludwig – orientiert am byzantinischen Brauch der Erhebung eines Sohnes zum Mitkaiser – im Aachener Münster von Karl unter zahlreichen Ermahnungen zur neuen Würde berufen und gekrönt, wenn nicht Ludwig sich gar selbst die Krone aufsetzte. Zwar bildeten Gottesdienst und die Anwesenheit hoher Prälaten, so des Erzkapellans und Erzbischofs Hilduin von Köln, ein geistliches Umfeld, im Gegensatz aber zu den Ereignissen vor dreizehn Jahren bestimmte der Herrscher selbst mit «seinen» Franken das Procedere – Papst und Römer als Koronator und als akklamierendes «Staatsvolk» waren ausgeschlossen.

Diese Form der (Mit-)Kaisererhebung blieb eine Ausnahme. Weder ersetzte die Aachener Pfalzkapelle St. Peter in Rom als Krönungsort des Kaisers, noch konnte der Papst als Kaisermacher auf Dauer ausgeschlossen werden. Bereits Stephan IV. «korrigierte» das Aachener Geschehen von 813, indem er eigenhändig Ludwig den Frommen 816 in Reims mit dem angeblichen Diadem Kaiser Konstantins krönte; Lothar I., Mitkaiser seit 817, wurde 823 erneut durch Papst Paschalis I. am rechten Ort, in der Peterskirche, zum Kaiser gekrönt und ausgerufen. Dabei blieb es in der Regel. Zuletzt empfing noch Karl V. aus der Hand Papst Clemens' VII. im Jahr 1530 – allerdings in Bologna – die Kaiserkrone. Karls eigene Erhebung hatte – gegen seinen erklärten Willen – den Maßstab für Jahrhunderte gelegt.

Mit der Übernahme der Kaiserwürde verband sich für Karl nicht zuletzt eine neue Phase zielgerichteter Innenpolitik. Die Königsherrschaft im Sattel, das heißt das Aufsuchen der wichtigsten Zentren zu Pferd, beschränkte sich mehr und mehr auf die klimatisch günstigere Jahreshälfte; von Oktober bis März hielt der Herrscher «Hof», vorwiegend in seiner zur festen Residenz ausgebauten Pfalz Aachen, deren Münster oder Marienkapelle mit antiken Spolien aus Ravenna, Rom (und Trier!) ausgeschmückt worden war. Gewiss konnte die Aula Regia weder mit der Größe und dem Prunk der Kaiserpaläste Konstantinopels wetteifern noch gar mit dem verschwenderischen Luxus der neuen Metropole des Kalifen im Zweistromland, Bagdad. Will man einer späten Anekdote Notkers von St. Gallen Glauben schenken, so konnte Karl gar vom Söller aus das ganze Treiben in seiner Residenz mühelos überblicken. Immerhin erhob sich Aachen in Konzeption und Ausgestaltung deutlich über ältere Pfalzorte – soweit unsere archäologischen Zeugnisse einen Vergleich gestatten. «Antiken» Rang suchte auch Ingelheim zu vermitteln, dessen Palastaula mit Konchen (halbkreisförmigen Anbauten), Exedra (Nische mit erhöhtem Sitzplatz) und Säulengang dem Bautypus der Trierer Kaiserbasilika nacheiferte. Über Nijmegen, dritter der von Einhart als bemerkenswert gerühmten Steinbauten Karls, ist zerstörungsbedingt wenig zu sagen. Als kostbares Zeugnis der Rezeption klassischer römischer Architektur in Kombination mit christlichem Sakralbau ist die so genannte Lorscher Torhalle auf uns gekommen, im Untergeschoss ein römischer dreigliederiger Torbogen, im Obergeschoss aber eine Kapelle. Lorsch war Eigenkloster des Königs und ein Kulturzentrum allerersten Ranges, in dem ein bedeutendes Skriptorium und eine große Bibliothek ihre Wirkung entfalteten. Der Bauschmuck – Konsolengesims, Pilaster und Kapitelle – ist meisterhaft an antiken Vorbildern orientiert, zum Teil besteht er aus römischen Spolien.

Zu dieser Residenzbildung treten Ansätze einer administrativen Infrastruktur, die dem «ortsfesten» König und Kaiser eine

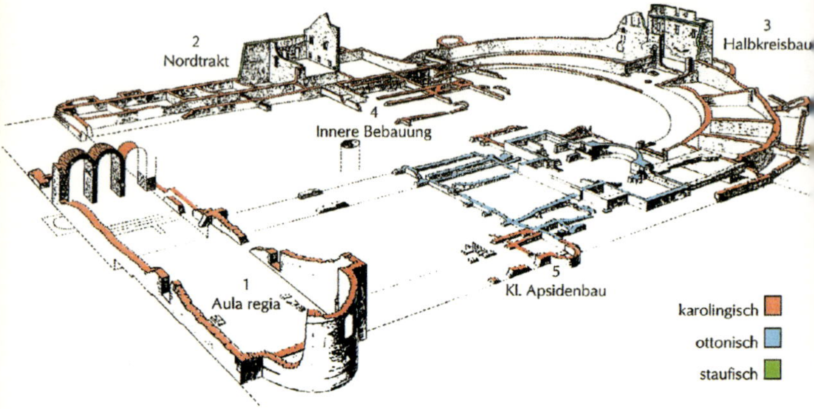

Isometrische Darstellung zentraler Baubefunde der Königspfalz Ingelheim

gewisse Kontrolle über die nachgeordneten Instanzen – Grafen, Bischöfe, Äbte, auch Kronvasallen – gestattete. Es sind dies die «missi dominici», die Königsboten, die jetzt – allein aus der Oberschicht genommen jeweils im Doppel von Bischof und Graf – ihren Sprengel bereisen. Zu ihren Aufgaben zählen die Rechtspflege, die Friedenswahrung und das Heeresaufgebot. Karl als neuer David, Salomon und Josias, auch Konstantin, arbeitete an der Vervollkommnung der Gesellschaft in Staat und Kirche. Eine Fülle von Verordnungen, Kapitularien, ergoss sich über das Imperium: Kleriker und Mönche wurden zur Erfüllung ihrer Amtspflichten und zur «Regelhaftigkeit» ihrer Existenz angehalten, die Laien auf die Einhaltung der Gesetze verpflichtet. Karl weiß sich im Jüngsten Gericht in der Verantwortung für seine Völker, den «populus christianus». Das Reich war nach außen gefestigt, im Inneren galt es, jenen visionären Zustand der Gerechtigkeit und des Friedens zu schaffen als Maß christlicher Gemeinschaft. Es ist vor allem diese geistlich-spirituelle Dimension, die das Reich Karls über das Regnum der Merowinger hinaushebt und ihm eine Leuchtkraft für die nahe und ferne Zukunft gab.

Die Innenpolitik Karls

Im Gegensatz zur «Außenpolitik» mit ihren folgenreichen Aktionen und Reaktionen ist die «Innenpolitik» Karls insgesamt durch vorgegebene gesellschaftliche Verhältnisse vielfach gekennzeichnet und bestimmt. Zudem ist der Einfluss auf wirtschaftliche Prozesse, soziale Strukturen und technische Innovationen durch Regierungshandeln äußerst begrenzt. Gesetzgeberische Maßnahmen, die zumal gegen Ende der Herrschaft Karls ergriffen wurden, waren allenfalls vorübergehend wirksam, wozu auch die Bestellung von Kontrollorganen in Gestalt der Königsboten gehörte. Karls Biograph Einhart verzichtete angesichts der strukturellen Schwächen des fränkischen Imperiums – im Gegensatz zu seiner Vorlage Sueton – auf ein eigenes Kapitel, das Regierungspraxis und Vorgänge im Inneren einer systematischen näheren Beleuchtung unterzogen hätte. Auch für die Annalenwerke und die sonstige zeitgenössische Geschichtsschreibung ist «Innenpolitik» kein Thema.

Herrschaft und Verwaltung

Karl stellte seine Herrschaft unter bestimmte Leitsätze, zu denen nach Auskunft von Urkunden, Briefen und sonstigen Textzeugen die Friedenswahrung, die Durchsetzung von Recht und Gerechtigkeit und die Herstellung und Bewahrung allgemeiner Wohlfahrt als wesentliche Aufgaben des Königtums zählten. So lässt Karl in einer Anweisung, einem Capitulare aus dem Jahr 802, an die Königsboten einleitend verlauten: *Über den Frieden: daß alle, die sich durch Verbrechen gegen diesen vergehen, zur Rechenschaft gezogen werden. Über die königlichen Gerichtsrechte: daß sie ungefragt voll erfüllt werden. Über das [was geschehen soll], wenn Hunger, Unglück, Pestilenz, Münzverschlechterung oder irgendeine Beschwernis auftritt, daß dann nicht unser Edikt abgewartet werden soll, sondern sofort Gottes Hilfe erfleht werden möge. Und daß in der Hungersnot dieses Jahres jeder den Seinen gibt, was er kann und seine Getreideernte nicht allzu teuer verkauft und daß nicht außerhalb unseres Reiches eine Gabe (Getrei-*

de) verkauft werden möge. Hinzu kam verstärkt die Sorge für die Kirche und ihre Einrichtungen, nicht zuletzt für Ausbreitung und Festigung des christlichen Glaubens. Dabei orientierte sich der Herrscher an Königen des Alten Testaments, David, Salomon, nicht zuletzt Josias, denen er sich in seiner ordnenden und kontrollierenden Aufsicht, die auch den Tempel als «res sacra» (Reorganisation der Priesterschaft) mit einbezog, besonders nahe wusste. Von größtem Einfluss auf Karls Vorstellungen von rechter Königsherrschaft dürfte Augustins «Gottesstaat» gewesen sein, der nach Einhart zu seiner Lieblingslektüre zählte. Hier konnte der König eine Art Fürstenspiegel finden. «Denn wir preisen», so sagt der Kirchenvater, «manche christlichen Kaiser nicht darum glücklich, weil sie länger regierten oder eines sanften Todes starben und ihren Söhnen die Herrschaft hinterließen […]. Sondern glücklich nennen wir sie, wenn sie gerecht herrschen, wenn sie trotz aller schmeichlerisch verhimmelnden und kriecherisch unterwürfigen Reden sich nicht überheben und vergessen, daß sie Menschen sind, wenn sie ihre Macht in den Dienst seiner Majestät stellen und die Gottesverehrung […] ausbreiten, […] wenn sie langsam zu strafen sind und gern Nachsicht verüben, […] wenn sie harte Erlasse […] durch erbarmende Milde und gütige Freigebigkeit ausgleichen […]. Solche christlichen Kaiser nennen wir glücklich.»[20] Als glücklichen Staatslenker hebt der Kirchenvater Konstantin den Großen hervor, der von Gott besonders gesegnet worden sei: «Er verlieh ihm sogar eine Stadt zu gründen, die an der römischen Herrschaft Anteil haben sollte, gleichsam eine Tochter Roms, aber ohne irgendwelche Götzentempel und Bilder […]. [Er] starb im Greisenalter an Schwäche eines friedlichen Todes und hinterließ das Reich seinen Söhnen.» So war es für Karl nahe liegend, sich am ersten christlichen Kaiser und Städtegründer Konstantin auszurichten und insgesamt eine Vorstellung von Herrschaft auszubilden, die sich aus verschiedenen Elementen zu einem neuen Ganzen zusam-

Aus der «Allgemeinen Ermahnung» Karls (789).
Denn wir lesen in den Büchern der Könige mit welcher Mühe der heilige Josias das ihm von Gott verliehene Reich durch Umherreisen, Bessern und Ermahnen zur Verehrung des wahren Gottes [ad cultum veri dei] zurückzuführen versucht hat.
MGH Cap.I, Nr. 22, S. 53f.

menfügte, dabei vor allem die älteren Leitlinien germanisch-fränkischer Königsherrschaft einschloss. Zum Gottesgnadentum als Basis der Machtausübung gesellte sich die Bewahrung fränkischer Überlieferung und Tradition, die mit ihren «barbara et antiquissima carmina», mit ihren «barbarischen und uralten Gesängen» bis in die graue Vorzeit zurückreichte. Karl wusste seine Herrschaft eingebettet in kirchliche Strukturen; die Gefolgschaft aber, die er anführte, war älteren Ursprungs. Karl fühlte sich trotz aller Renovatio und Renaissance vor allem als Franke, das «imperium vel regnum», sein «rîche» war das Frankenreich. Deshalb ließ er die Volksrechte sammeln und aufzeichnen, deshalb die Heldendichtung festhalten – als Zeugnis ist ein Fragment des «Hildebrandliedes» auf uns gekommen; und deshalb ließ er einen Jahreskalender überwiegend mit volkstümlichen Bezeichnungen der Monate aus der Arbeitswelt der Bauern und Winzer abfassen. Deshalb verzichtete er auch auf ein höfisches Zeremoniell nach dem Vorbild des Basileus, und schließlich und endlich begnügte er sich mit einer schlichten Erdbestattung im Atrium seiner Pfalzkapelle in Aachen – dem Vorbild der Eltern in der Vorhalle von St. Denis verpflichtet. Von einer Beisetzung in dem «heidnischen» Proserpina-Sarkophag, der seit dem Spätmittelalter in der Aachener Tradition als letzte Ruhestätte des Kaisers gilt, verlautet in den vielfältigen Quellen der Zeit nichts. Sie hätte Karls Herrscherverständnis wohl auch kaum entsprochen.

Der wohl aus Rom stammende und im 1. Viertel des 3. Jahrhunderts entstandene so genannte Proserpina-Sarkophag, der 814 angeblich als Grablege Karls des Großen gedient haben soll

Von den grundsätzlichen Schwierigkeiten der Umsetzung herrscherlicher Dekrete und Willensbekundungen in der Alltagspraxis berichtet keine Quelle expressis verbis. Wir sind auf indirekte Zeugnisse angewiesen: Wiederholte Klagen in Schreiben und sonstigen Verlautbarungen, die immer wieder erneuerten Paragraphen in einem Strom von Kapitularien und Erlassen, der gegen Ende der Regierungszeit Karls anschwillt, sind untrügliche Zeichen halbherziger Umsetzung, ja des Misslingens. Noch herrschten nicht Recht und Gesetz, der Gottesstaat auf Erden, das Imperium Christianum, ließ sich nicht herbeizwingen. Der Aufschrift auf den kaiserlichen Münzen «Christiana Religio» als Devise entsprach die krude Wirklichkeit des Frankenreichs keineswegs. Dieses ideale Ziel stieß sich an den tatsächlichen Machtstrukturen und an den überkommenen Vorgaben von semiarchaischer Königsherrschaft, die im Verständnis der Gefolgschaft auf Beute und Zugewinn ausgerichtet war. Blieb bereits das Verständnis des an den Königen des Alten Testaments und der christlichen Spätantike ausgerichteten Herrschertums nur einer kleinen, geschulten Elite zugänglich, so musste die Umsetzung der auf Frieden, Gerechtigkeit, Wohlfahrt und zugleich himmlischen Lohn ausgerichteten Regierungsmaximen am weiterhin fehlenden oder gar widerstrebenden administrativen Unterbau scheitern. Der Zentralstaat antiker Prägung war nicht einmal in der Vorstellung des Herrschers und seiner Umgebung als Modell zur Lenkung des Riesenreichs präsent, geschweige denn in der alltäglichen Realität.

Die Verwaltung, sofern der Terminus statthaft ist, bestand wesentlich aus den Ämtern des Hofes, an ihrer Spitze der Pfalzgraf als Vertreter des Königs im Gericht und den Chargen zur Aufrechterhaltung der Versorgung und Vorbereitung des Kriegsaufgebots, Seneschall («Altknecht»), Mundschenk, Truchsess und Marschall («Pferdeknecht»). Das Haus und die Herrschaft des Hausvaters bilden das «politische» Modell auch von Königsherrschaft. Hinzu traten die Angehörigen von Kapelle und Kanzlei mit der Sorge für den herrscherlichen Gottesdienst, die Verwahrung der Reliquien und den Schriftverkehr. Aufgaben und Funktionen moderner Regierungsapparate nahmen diese Hofangehörigen nicht wahr, auch wenn sie gelegentlich als Heerführer und Gesandte mit besonderen Kompetenzen eingesetzt wurden. Grafen und deren Helfer bildeten den Unterbau dieser Herrschaft. Ursprünglich standen diese einem städtischen Sprengel in Justiz, Steuererhebung und bald auch im militärischen Aufgebot vor. Später wurden ihnen auch die «pagi», die Gaue in den eroberten Gebieten, zur Verwaltung übertragen, so 782 und in den folgenden Jahren in Sachsen. Diese Einrichtung überspannte als Netz weder das gesamte Land, noch war sie alleiniges Instrument der Königsherrschaft. Zunächst und vor allem gehörte die Grafschaft aber in der Regel als Zubehör zum Machtpotenzial einer Familie und deren Eigeninteressen. Auf diese mächtigen «warlords», nicht selten miteinander verwandt und verschwägert, hatte das Königtum sorgsam Rücksicht zu nehmen. Ohne ständig erneuertes Bündnis mit dieser «Reichsaristokratie» der Kriegsherren war frühmittelalterliche Königsherrschaft nicht möglich, auch wenn sich im Lauf von Karls Regierung die Gewichte zugunsten der «Zentrale» verschoben. Konsens und Partizipation blieben die wichtigsten Elemente der Königsherrschaft. Auf diese «Großen», zu denen Welfen, Robertiner, Unruochinger, Rorigonen gehörten, und auf deren übergreifende Prestige- und Besitzansprüche war Rücksicht zu nehmen, nur mit ihrer Zustimmung konnte der König seine Macht ausüben. Das Herzogtum als Institution blieb nach dem Fall Bayerns obsolet – seine Söhne Pippin und Ludwig als Könige in Italien und Aquitanien waren dem Vater und Großkönig (und Kaiser) gleichsam doppelt unterworfen. Die Einrichtung von Präfekturen und Markgrafenschaften diente wesentlich der Organisation des militärischen Aufgebots in Grenzregionen (Friaul, Spanische und Bretonische Mark). Auch die potenzielle Konkurrenz von Schwiegersöhnen ließ Karl nicht zu – nicht zuletzt deswegen blieben seine Töchter unvermählt. Zu dieser weltlich-administrativen Ebene trat als weitere die geistliche in Gestalt der Erzbischöfe hinzu, unterstützt durch Bischöfe und Äbte: Sie standen als Metropoliten einem Großsprengel vor. So gab es am Ausgang von Karls Regierung insgesamt 22 Metropoliten, wobei auf den späteren «deutschen» Reichsteil mit Köln, Mainz, Trier und Salzburg lediglich vier entfielen, während die Überzahl, spätantiken Vorgaben verpflichtet, in der Gallia und Italia zu finden ist. Mit Grafschaft und Metropolitansitz war häufig ein Missatssprengel, der Amtsbereich eines Königsboten, verknüpft – so etwa in Paris –, dem seit 802 vermehrt wesentliche Lenkungsaufgaben

787

im Dienst des Herrschers zukamen. Mit Hilfe der «missi dominici», zumeist eine Einheit aus geistlichem und weltlichem Großen, Bischof oder Abt und Graf, suchte Karl seine Anordnungen durchzusetzen, die Gerichtspflege zu verstetigen, die Fehde zu bekämpfen und das militärische Aufgebot zusammenzuführen. Zu den Amtsträgern und den Amtsbezirken traten seit den siebziger Jahren des 8. Jahrhunderts verstärkt personale Bindungen zwischen Krone und Adel im Rahmen des sich damals entfaltenden Lehnswesens, das einen auf «consilium et auxilium», Rat und Hilfe basierenden Vertrag zwischen Herrn und Mann (Vasall) herstellte. Ursprünglich, wie bereits erwähnt, der sozial niederen Sphäre zugehörig – «vassus» entspricht keltisch «gvas» = Knecht, sichtbar noch an den gefalteten Händen des Mannes, die er in die Hände des Herrn legt –, hatte diese «Partnerschaft» mit der Unterwerfung Herzog Tassilos von Bayern unter den fränkischen König 787 als Instrument der Bindung die höchste soziale Rangstufe erreicht. Damit öffnete sich dem Königtum die Möglichkeit, über die Einweisung in Ämter als Graf, Bischof oder Abt hinaus weitere Mitglieder führender Familien auf sich zu verpflichten. Diesem Modell der personalen Vernetzung der Gesellschaft als «société féodale» (Marc Bloch) sollte die Zukunft gehören. So löste das Lehnsaufgebot militärisch auf mittlere Frist das «Volksheer» ab; der Berufskrieger, der Reiter insbesondere, der über einen Mindestbesitz von zwölf Bauernhöfen verfügen musste, um seine Ausstattung bezahlen zu können, ersetzte den Fußkämpfer bereits in der Spätzeit Karls mehr und mehr. Der «miles», Reiter oder Ritter, kündigt sich als Leitfigur des Hochmittelalters an.

Die Anbindung dieser vielfältigen Klientel in Amt und Lehen, zu denen entsprechendes Amtsgut beziehungsweise umfangreiche Wirtschaftskomplexe als materielle Basis gehörten, erfolgte zumindest in den ersten Jahrzehnten von Karls Herrschaft durch Visitationsreisen des Königs, der sein «hohes Gewerbe» (Aloys Schulte) sozusagen im Sattel betrieb. Kein anderer Herrscher mit Ausnahme Karls V. († 1557) hat den Radius seiner Umritte erreicht, der vom Lande Hadeln und der Nordseeküste bis Capua und Saragossa und von Boulogne-sur-Mer bis ins ungarische Savary führte. Zu weiteren Begegnungen zwischen Herrscher und Beherrschten kam es auf zumeist im Jahresrhythmus angesetzten Reichsversammlungen, dem «magus [sic] campus», dem «großen Lager», fälschlich mit «Maifeld» übersetzt, auf denen vor allem Kriegszüge beraten und vorbereitet wurden. Diese schon traditionellen Treffen sind in der Spätzeit Karls durch ganze Serien von Synoden oder Provinzialkonzilien ergänzt worden, die in Vorwegnahme nachmaliger Parlamente vielfältige Themenkomplexe zum Nutzen von Staat und Kirche, Königtum und Gesellschaft erörterten und programmatisch umsetzten. Zeugnis dieser Versammlung gibt die steigende Flut von Kapitularien, Erlassen des Königs (und der beteiligten Großen), die häufig ungeschieden in ihrer Materie nach geistlichem oder weltlichem Inhalt den Stoff in Kapitel gliedern. Beanspruchten diese «Erlasse der Staatsgewalt» (François Louis Ganshof) allgemeine Gültigkeit und Beachtung, so vermochte der König durch spezielle Gunsterweise und Schenkungen, durch Privilegien, insbesondere für Kirchen und Abteien, die ihm nahe standen oder denen besondere Aufgaben zuteil wurden, die Zahl seiner Anhänger zu festigen und zu erweitern. Zu nennen sind als Empfänger dieser Gunsterweise vor allem St. Denis, Lorsch und Prüm als «Hausabteien» und Fulda und Hersfeld als Missionszentren. So verlieh der König Schutz und Immunität, mithin die Exemption von der Grafengewalt, Titel auf umfangreiche Besitzungen, die zugleich die ökonomische Kraft der geistlichen Einrichtungen auch zum Nutzen der Krone festigten. Lorsch etwa erhielt die Mark Heppenheim und damit große Teile des Odenwalds sowie ausgedehntes rechtsrheinisches Territorium, Fulda den reichen Fiscus Hammelburg an der fränkischen Saale.

Insgesamt wurden Kontakte in diesen semiarchaischen Zeiten durch zeremonielle Begegnungen sichtbar, die im Austausch von Geschenken in Gestalt der Jahresgaben («dona annuaria») oder «eulogiae» (Gaben) gipfelten. Gabe und Gegengabe stärkten den Zusammenhalt, der Ergebenheit des einen entsprach die Munifizenz des anderen. Sie bestätigten die gegebene Ordnung.

Die ungeheure Weite des Reichs – die Nordsüdausdehnung von der Elbmündung bis Rom betrug etwa 1500 Kilometer –, der schlechte Zustand der Straßen, die östlich des Rheins allenfalls Karrenwege waren, die Anfälligkeit des Kommunikationsnetzes zumal in den Wintermonaten, das beachtliche Zivilisationsgefälle zwischen den einzelnen Landesteilen, den urban geprägten Zonen

Galliens und Italiens und den zuvor paganen, weitgehend schriftlosen Regionen zwischen Rhein und Elbe mit Sumpf, Urwald und Heide, ließen eine geordnete, auf einen Mittelpunkt orientierte Verwaltung antiken oder modernen Zuschnitts nicht zu. Die Regierungspraxis bestand aus einem System von Aushilfen, das wesentlich auf der Autorität und der Durchsetzungskraft des Herrschers beruhte – und auf der Zustimmung seines Anhangs. Karl verstand es, rasch mit regionalen Aufständen fertig zu werden – so etwa mit der Empörung des Thüringer Grafen Hardrad 786 – oder mit Erhebungen innerhalb der Familie, so seines ältesten Sohnes Pippin, der Bucklige, 792/93, den er gut zehn Jahre zuvor, offensichtlich wegen seiner Behinderung, von der Nachfolge in der Herrschaft ausgeschlossen hatte. Ansonsten griff der König (und Kaiser) nur äußerst behutsam in die überkommenen regional geprägten Strukturen seines Imperiums ein; die Aufzeichnung der einzelnen Stammes- oder Volksrechte, der «leges», etwa der Franken («Salier» und Ripuarier), Alemannen, Bayern, Thüringer und Friesen, angereichert um Königsrecht, lässt die Sorge um ein geregeltes Miteinander verschiedener Ethnien im Gesamtgefüge erkennen. Von zentralstaatlicher Bevormundung ist wenig zu erkennen, solange die Suprematie des Königs und seine Bann- und Gerichtsgewalt nicht in Frage gestellt wurden.

Spätestens nach dem Awarenfeldzug 791 besaß das Reich militärisch und ökonomisch eine Festigkeit, die Karl erlaubte, Aachen zu seiner Residenz und Hauptpfalz, zumal für die langen Wintermonate, auszubauen. Ein Argument für Aachen waren seine warmen Quellen, die dem alternden gichtigen Herrscher Linderung versprachen, aber auch die Nähe zum Hausgut Pippins «von Herstal» († 639), eines seiner Vorfahren väterlicherseits an der unteren Maas und unweit Lüttich begütert. In den Jahrzehnten vor dem Ausbau Aachens hatten Rhein, Main, Maas und Mosel als Adern des Verkehrs auch das Itinerar Karls markiert. So hielt er sich vielfach in Worms, Frankfurt, Ingelheim, Lüttich, Nijmegen und Düren, auch in Diedenhofen an der Mosel auf. Die südwestlich dieser Linie gelegene merowingische Pfalzlandschaft zwischen Maas und Seine, Aisne und Oise mit den Vororten Compiègne, Ver oder Corbeny, den Städten Reims, Soissons oder Paris sind selten oder nie auf seinem Reiseweg zu finden. Lediglich Quierzy als Ort der

Schenkung für die römische Kirche macht mit sechs Aufenthalten eine bemerkenswerte Ausnahme. Die in salisch-staufischer Zeit «maxima vis imperii» genannte höchste Kraft des Reichs lag offenbar in den Regionen arnulfingisch-pippinidischen Hausbesitzes zwischen Maas und Mosel. Ferner erzwangen die Sachsenkriege Karls Anwesenheit in Rhein-Main-Nähe, wozu später noch die Donau mit Regensburg als Vorort des bayerischen Herzogtums und als Ausgangspunkt für den Aufmarsch gegen die Awaren trat. In Italien dominierten Pavia – Hauptstadt des alten Langobardenreiches –, Rom und nicht zuletzt Ravenna, ehemals byzantinischer Stützpunkt an der Adriaküste.

Gegen Ende seiner Herrschaft musste Karl mit Er- und Verbitterung feststellen, wie weit er von seinem erklärten Ziel entfernt geblieben war, unter der Leitidee der «christiana religio» eine auf den Grundsätzen des Glaubens verpflichtete Gesellschaft zu formen. Korruption und Unterschleif waren an der Tagesordnung, Rechtsverweigerung und massive Unterdrückung der «Armen» fast die Regel. Das Heeresaufgebot wurde missachtet, Kleriker und Mönche lebten nicht nach den Geboten, Amtsvorschriften und Regeln, sondern ahmten in ihrer Lebensführung und Besitzanhäufung das schlechte Beispiel der Laien nach. Die Hirten erwiesen sich als unfähig, ihre Herden zu hüten, das Evangelium und seine Wahrheiten den Schafen richtig und heilsam zu vermitteln. Karl hat sich diesen vielfältigen Themen mit erstaunlicher Offenheit und mit Sarkasmus gewidmet, wie insbesondere die Erlasse aus seiner Spätzeit – hier 811 – demonstrieren. So formulierte er mit Bitterkeit: *Wir wollen Männer, welche die heiligen Schriften nicht allein selbst lernen, sondern auch andere lehren sollen, fragen, wer diejenigen sind, denen der Apostel zuruft: Seid meine Nachfolger, von denen er sagt: Kein Kriegsmann Gottes verbindet sich in weltliche Geschäfte, und wie man dem Apostel nachfolgen oder den Kriegsdienst Gottes leisten soll. Sodann sollen sie uns die Wahrheit darüber sagen, was es bei ihnen heißt, die Welt verlassen, oder woran die, welche die Welt verlassen, von denen, welche ihr folgen, unterschieden werden können, ob daran allein, daß sie kein Schwert tragen und nicht öffentlich verheiratet sind. Auch muß man sie fragen, ob der die Welt verlassen hat, der nicht abläßt, Tag für Tag seinen Besitz zu vermehren, auf jede Weise und durch jeden Kunstgriff, indem er bald die Seeligkeit des Himmelreiches verheißt, bald die ewige*

Pein der Hölle androht, indem er im Namen Gottes oder irgend eines Heiligen die Reichen wie die einfältigen Armen ihrer Habe beraubt, den rechtmäßigen Erben ihr Erbteil entzieht, dadurch eine Menge Leute in Armut stürzt und so zu Verbrechen und Übeltaten antreibt; sie werden gewissermaßen gezwungen, zu stehlen und zu rauben, da ihnen ihr väterliches Erbteil weggenommen ist. Weiter muß man untersuchen, wie der die Welt verlassen hat, welcher vor Begierde nach Dingen, die er andere besitzen sieht, brennt und um sie zu erlangen, Leute bezahlt, daß sie falsch schwören und falsch Zeugnis geben, der nicht einen gerechten und gottesfürchtigen Vogt oder Propst sucht, sondern einen harten, habsüchtigen, gewissenlosen, der bei dem Erwerb nicht nach dem Wie, sondern nach dem Wieviel fragt. Die Angesprochenen duckten sich unter seinen schonungslosen Worten wie unter Peitschenhieben. Der Mensch war und blieb freilich der alte Adam.

Wirtschaft und Gesellschaft

Aktive Wirtschaftspolitik des Königs war angesichts des rudimentären Unterbaus und der Fragilität der Verwaltung nur auf wenigen Feldern möglich – zumal das Zeitalter auch den Sektor der Ökonomie als Eigenbereich nicht kannte. So gab es zwar allgemeine Leitlinien des Wirtschaftens, orientiert an den Verlautbarungen der ökumenischen Konzilien, an Väterzitaten und kirchlichen Erlassen, die generell Zinsnahme und Zugewinn naiv als «schändlichen Wucher» verurteilten und damit in der Theorie jedweden notwendigerweise gewinnorientierten Geschäftsverkehr mit Gütern und Waren unterbanden. Diesen Richtlinien kam zwar in praxi keine große Bedeutung zu, auch wenn sie mental die Entfaltung des Handels behinderten. In die gleiche Richtung des Reglementierens und Verbietens ging die Festlegung von Höchstpreisen, während die Normierung von Maßen und Gewichten bereits modernen ordnungspolitischen Geboten entsprach.

Was die eigene Wirtschaftsführung des Königs anlangte, die zugleich die Staatseinkünfte und -ausgaben umfasste, boten sich mehrere Betätigungsfelder an. So bildete das Königsgut, zusammengesetzt aus Familienerbe und ehemals merowingischem Besitz, die Basis des königlichen Haushalts. Diesem widmete sich der Herrscher – Karl der Große oder sein Nachfolger, Ludwig der Fromme – in einem umfangreichen Erlass, dem berühmten «Capitulare de villis imperialibus» (oder «imperii») – der «Verfügung über die Reichshöfe», einem zentralen Dokument zur Wirtschaftsführung im Frühmittelalter. Steuern und damit ständige Einnahmen aus staatlicher Tätigkeit sind dem Zeitalter weitgehend fremd. Zu den Erträgen aus den eigenen Domänen, dem aus Kriegsbeute, Jahresgaben und Geschenken angehäuften Staatsschatz, sind gelegentlich Zölle auf Handelsgüter, Wege-, Hafen- und Brückenabgaben, Gerichts- und Bußgelder hinzuzufügen. Der Schlagschatz aus der Münzprägung, die seit alters als Vorrecht der Obrigkeit gilt, floss in aller Regel den Verwaltern der Münzstätten zu und gelangte wohl nur im Ausnahmefall in die königliche Kasse. Zwar führte der wirtschaftliche Aufschwung zu einer rasanten Vermehrung der Prägeorte, sodass Mitte des 9. Jahrhunderts statt der am Ausgang von Karls Regierung ermittelten 50 nicht weniger als 125 zwischen Rhein und Loire gezählt werden konnten.[21] Das Königtum ver-

Silberner Bildnisdenar Karls des Großen aus Quentowic, nach 800. Der Handelsplatz lag am südlichen Ufer der Canche in der heutigen Gemeinde La Calotterie, Département Pas-de-Calais, Nordfrankreich.

suchte immer wieder, das Schlagen von Münzen in den Pfalzorten zu monopolisieren, Zweifel an der Wirksamkeit dieser Maßnahmen sind dennoch angebracht. Seit der Mitte des 7. Jahrhunderts wurde im Frankenreich nahezu ausschließlich in Silber geprägt – entsprechend den an Wert stark zurückgegangenen Handelsumsätzen. Allerdings zeigt der berühmte Schatzfund von Ilanz (1904) mit vierzig Goldmünzen aus Chur und Norditalien, geprägt auf den Namen Karls vor 800, dass im Alpenraum für den Handel mit der Poebene, dem byzantinischen Süden und den afrikanischen

Küsten die Goldwährung unverzichtbar war.[22] Byzanz hielt an seiner Goldwährung fest, die für den Mittelmeerraum vorbildlich blieb. Auch die Beneventaner und – wichtiger – die Kalifen prägten Goldmünzen, allerdings auch Silberdenare und -dirhems.

Fiskalische Abgaben, insbesondere Zölle, sind uns vor allem aus Verzichturkunden des Herrschers oder gar nur aus Verleihungen dieser lukrativen Rechte an geistliche Empfänger bekannt. Immerhin weist die damit verbundene Nennung großer Flüsse wie Rhône, Saône, Loire, Garonne, Rhein und Maas, der küstennahen Wike vom Range Quentowics oder Dorstadts, der Handelsmetropolen Lyon und Marseille und der Alpenpässe in der Zeit Karls und seiner ersten Nachfolger auf einen beträchtlichen Fernhandel hin. Dieser umfasste insbesondere Wein, Öl, Salz, Getreide, aber auch Tuche, Keramik und Basalt für Mühlsteine. Wir wissen, dass etwa das Pariser Kloster Saint-Germain-des-Prés Wein aus dem südlichen Anjou mit Hilfe grundherrschaftlicher Logistik zur weiteren Vermarktung ins Seinebecken schaffen ließ. Ob freilich der König direkt von diesen Einnahmen profitierte, scheint mehr als fraglich, da die Zöllner in der Regel zum Personal des Grafen gehörten, der die Einnahmen für sich einbehielt und aus ihnen seine Ausgaben bestritt. Die Form der Steuer- oder Finanzpacht war dem Frühmittelalter fremd. Ein funktionierendes System von fiskalischen Einnahmen hätte zwangsläufig zu einer besonderen Sorge für das Wege- und Brückennetz führen müssen. Davon kann östlich des Rheins so gut wie keine Rede sein, sieht man von der berühmten, aus Holz gefertigten Rheinbrücke bei Mainz ab, die freilich bereits vor Karls Tod ein Opfer der Flammen wurde. Auch westlich des Rheins sind nur wenige Erlasse zur Instandhaltung von Brücken überliefert, so ein Befehl Ludwigs des Frommen von 821 an die «pagenses», die zwölf Brücken über die Seine in gutem Zustand zu halten.

Von wesentlicher Bedeutung für den völker- und länderübergreifenden Zusammenhalt des Karlsreiches wurden die mit seinem Namen (und dem seines Vaters) verbundenen Münzreformen, vor allem die entscheidende letzte aus den Jahren 792/93, die dem karolingischen Denar als europäischer Leitwährung zum Durchbruch verhalf. Diese Münze – durchaus in ihrer Bedeutung dem heutigen Euro vergleichbar – war bis zur Wiederbelebung der

Goldprägung im frühen 13. Jahrhundert und der Ausgabe schwererer Silbermünzen («grossus», Groschen) die einzige in Gewicht und Gestalt gültige Kurrentmünze. Damit war monetär ein einheitlicher Wirtschaftsraum entstanden – zur Vielfalt der Völker und Kulturen trat außer der christlichen Religion als weiteres dauerhaftes Ferment des Kontinents das Münzsystem hinzu. Im Gegensatz zum modernen Großbritannien schloss sich König Offa von Mercien trotz eines kaum abgeflauten Handelskrieges mit dem Frankenreich dieser Reform bereits um 794 in wohlverstandenem Eigeninteresse an. Großbritannien hielt im Gegensatz zum Kontinent bis 1972 an diesem Münzsystem fest. Danach ergab ein Pfund Silber («librum») zwanzig Schillinge («solidi»), die ihrerseits jeweils zwölf Pfennige («denarii») ausmachten. Mithin entsprachen 240 Denare einem Pfund als Äquivalent. Ausgeprägt wurden lediglich Denare und Oboli, Halbdenare; Pfund und Schilling waren Recheneinheiten. Das Gewicht des Denars betrug nach 793 ca. 1,7 Gramm Silber bei rund zwei Zentimetern Durchmesser der Münze. Die Münzen trugen Namen, Bild oder Monogramm des Ausstellers, auch Hinweise auf den Prägeort, Devisen und symbolische Anspielungen. Erst spät – nach der Anerkennung seiner Kaiserwürde durch den «Bruder» im Osten – ging Karl zur Ausgabe von Goldmünzen nach Art der byzantinischen Tremissen über. Jedenfalls ist 1996 bei archälogischen Grabungen in der Pfalz Ingelheim ein Goldstück aus der Münzstätte von Arles nach italischem Vorbild – Pavia oder Mailand – gefunden worden. Die Kaiserbüste im Profil gleicht den Abbildungen auf den Avers der Silbermünzen aus der Spätzeit Karls. Königsherrschaft, romorientierter Glaube und Silberwährung schufen wirksame Klammern für das in seinen Konturen so unterschiedliche Gebilde des Frankenreichs.

Sieht man von der Münzreform und gewissen zinstheoretischen Vorgaben ab, so versuchte sich Karl auch auf dem dornigen Feld der Preisregulierung. Auf dem berühmten Konzil von Frankfurt 794 erließ er eine Art von Edikt zur Festsetzung von Höchstpreisen für bestimmte Getreidesorten, offenbar aus Anlass einer Hungersnot als Folge von Missernten und Seuchen vergangener Jahre. Aus diesem Text folgt zwingend die Existenz von Bäckereien auf gewerblicher Basis und, wichtiger noch, die Produktion nennenswerter Überschüsse aus der zeitgenössischen Landwirtschaft.

Sowenig Maximalpreise auf mittlere Sicht allein Mangel beheben oder gar unlauteres Geschäftsgebaren abstellen konnten, sowenig gelang es Karl und seinen Nachfolgern, angesichts der regionalen Gewohnheiten im Interesse von Käufern und abgabepflichtigen Bauern Maße und Gewichte nach dem Inventar königlicher Pfalzen zu eichen und damit zu vereinheitlichen. Bekanntlich differierten diese Usancen bis ins 19. Jahrhundert hinein, da ihnen «handgreifliche» Erfahrungswerte, kein abstraktes Messsystem zugrunde lagen.

Der Staatshaushalt, auf dessen Ausgabenseite «Privates» und «Öffentliches» ungeschieden blieben, wurde wesentlich gespeist aus den Erträgen der Krongüter, organisiert in Villikationsverbänden als landwirtschaftlich genutzten Hofverbänden. Aus Schenkungsurkunden für Kirchen sind derartige Wirtschaftsobjekte nach Lage und Umfang, Nutzung und Struktur bekannt: So erhielt in den siebziger Jahren das junge Missionskloster Fulda die Hammelburger Mark an der fränkischen Saale oder das Kloster Werden an der Ruhr gegen 810 den linksrheinischen Hof Friemersheim. Aus einem Inventar sind uns die baulichen Gegebenheiten einiger Objekte, die Ausstattung mit Geräten und die Höhe der verbliebenen Erntevorräte zum Zeitpunkt der Erhebung im heutigen Belgien – Annappes – bekannt. Diese Höfe verfügten teilweise über Steinhäuser und heizbare Kemenaten. Über die großen Pfalzbezirke Aachen, Frankfurt, Lüttich, Diedenhofen, Ingelheim oder Nijmegen sind wir allenfalls modo grosso oder partiell unterrichtet, zumeist aus sehr viel späteren Aufzeichnungen. Jedenfalls verfügten die Pfalzen zur Gastung des Königs und seines Gefolges über entsprechende ökonomische Ressourcen, nicht zuletzt über ein umfangreiches Jagdrevier in den nahe gelegenen Forsten, so etwa in Dreieich für Frankfurt und Ingelheim.

Organisiert waren diese Wirtschaftsobjekte als Grundherrschaften. Mit der Herrschaft über Land und Leute verband sich zugleich eine zweiteilige, «bipartite» Struktur. Dem Herrenhof, der «villa» mit ihren eigengenutzten Anbauflächen, dem Salland, ihren Wiesen, Weinbergen, auch Eigenkirchen, Knechten und Mägden, waren als Reservoir insbesondere für Arbeitsdienste aller Art eigenständige Bauernhöfe zugeordnet, vor allem zum Pflügen, Ernten, Dreschen, der Heumahd und zu Fuhrleistungen. Unsere

Quellen erlauben die Aussage, dass der Grundherr etwa die Hälfte der Leistungskraft seiner Grundholden für sich beanspruchen konnte, ein Verhältnis, das Karl der Große gegen 800 mit der allgemeinen Zulässigkeit der Dreitagesfron bekräftigte. Die Relation von Eigen- zu Fremdnutz entspricht verblüffend der heutigen «Staatsquote». Diese Organisationsform großer Landwirtschaftsbetriebe besaß ökonomische Vorteile für beide Seiten, Grundherrn und abhängigen Bauern: Der Herrenhof sah sich in der sonst zur Erfüllung der Arbeiten notwendigen Vorhaltung von Knechten, Zugvieh und Gerätschaften wesentlich entlastet und konnte zumal für die saisonalen Arbeiten auf die Hufen oder Mansen, so die Bezeichnung der abhängigen Bauernhöfe, zurückgreifen. Die Grundholden hingegen konnten über die Abgaben und Dienste hinaus ihren zu allermeist erblichen Bauernhof frei führen und Überschüsse selbst vermarkten. Die zweigeteilte Grundherrschaft erwies sich als ökonomisch-soziales Erfolgsmodell, das vor allem den Getreideanbau auf den fruchtbaren Lössböden Nordfrankreichs, der Picardie etwa, und am Niederrhein förderte, auch und nicht zuletzt in der Poebene. Königtum, Adel und Kirche fanden in dem bipartiten System ihre eigentliche wirtschaftliche Grundlage für Jahrhunderte. Auch die staatliche Organisation des Militärs, insbesondere der Panzerreiterverbände, fußte auf der Basis der Grundherrschaft. Dies gilt auch noch für das Heer der Fußkämpfer zu Karls Zeiten. So mussten Gestellungsverbände von jeweils vier Bauern einen Kämpfer samt Kriegskarren ausrüsten, zwölf Mansen waren der Mindestbesitz eines Berittenen. Zugleich wurden Höfe und Villikationen zum dinglichen Substrat, zum Lehnsobjekt, im Vertragsverhältnis von «senior» und «homo» im Rahmen der Vasallität. Grundherrschaft und Lehnswesen sind als komplementäre Erscheinungen anzusprechen. Die Feudalgesellschaft ist wirtschaftlich an die Grundherrschaft, politisch an den Lehnskontrakt gebunden. Daneben gab es freilich auch weiterhin die ältere Wald-Weide-Wirtschaft, die weniger personalintensiv war, mit Dominanz der Viehzucht, aber auch die merowingische Gutsherrschaft existierte weiter, zumal südlich der Loire, die in «Kolonien» organisiert, vielfach als Ausläufer spätantiker Wirtschaftsstrukturen interpretiert wird. Die Zahl der «freien» Bauern, der «Franken», wenn man so will, ist nicht zu ermitteln; jedenfalls

Fränkischer Reiter mit Helm, Brünne, Beinschienen, Buckelschild und Lanze. Darstellung im so genannten Stuttgarter Psalter, um 825 in Saint-Germain-des-Prés entstanden

dürfte deren Anzahl unter den Bedingungen expansiver Kriegswirtschaft – zumal der ersten Jahrzehnte Karls – nicht unbeträchtlich zurückgegangen sein: «Freiwilliger» Eintritt in die Grundherrschaft der Großen und erzwungene Vergrundholdung ließen die «volkstümliche» Basis der Herrschaft schwinden und riefen das Königtum mit Gegenmaßnahmen auf den Plan – allerdings ohne Wirkung. Der Herrscher verlor den Kontakt zu seinem Volk. Dies vor allem ist zugleich die Geburtsstunde des mittelalterlichen Feudalstaates.

Volkswirtschaftlich führte die Grundherrschaft bereits zu Karls Zeiten zu einem beachtlichen Produktionsfortschritt: Ansätze zur geregelten Dreifelderwirtschaft – Winter-, Sommergetreide und Brache – erhöhten das Nahrungsangebot wesentlich, der Einsatz des schollenwendenden eisenbeschlagenen Räderpflugs mit Messer, Sech und Schar verbesserte die Bodenbearbeitung entscheidend, Plaggen- und Mergeldüngung erhöhten die Erträge, der Anbau von Sonderkulturen – Wein und Flachs – wurde ausgeweitet. So lässt sich etwa für das Pariser Kloster Saint-Germain-des-Prés auf einigen Besitzungen eine Relation von Einsaat und Ernte bei Weizen von fünf zu eins ermitteln, ein Wert, der vor der Verwendung von Kunstdünger bis ins 19. Jahrhundert hinein maßstäblich blieb.[23] Der verbreitete Einsatz der wassergetriebenen Mühle gilt zu Recht als Indikator für die Ausweitung des Getreideanbaus und des zunehmenden Verzehrs von Brot. Die karolingische Wirtschaft war auf Expansion angelegt, wofür auch wachsende Exporte nach England und Skandinavien zeugen und generell der stark angestiegene Münzumlauf. Zu den Handelsgütern, die nach Norden verschifft wurden, zählen insbesondere Keramik vom Niederrhein, Basalt aus der Eifel, Wein aus dem Elsass, friesische Tuche; als Importwaren sind zu nennen Felle, Honig, vor allem Menschen, Sklaven (Slawen), die insbesondere im Emirat von Córdoba Absatz fanden. Bedeutsam, wenn auch durch Embargos eingeengt, war der Waffenhandel: Fränkische Brünnen, Vorläufer der späteren Ringpanzerhemden, Schwerter, «Marke Ulfberth», und Lanzen hatten «Weltgeltung». Der technische Fortschritt bei der Eisen- und Stahlerzeugung blieb nicht auf den zivilen Sektor (Arbeitsgeräte, Mühleisen) beschränkt, sondern zeichnete auch die Waffenproduktion aus. Dazu trat der Handel mit Salz, bereits im Frühmittelalter ein Massengut, das aus den lothringischen Salzstätten im Seillegau, aber auch aus dem bayerischen Reichenhall per Schiff und Karren in die Eifel oder in den Südosten transportiert wurde. Dementsprechend fächerte sich die ländliche Gesellschaft bereits früh in Bauern und Spezialisten auf: Müller, Schmied und Salzsieder, Tuchmacher und Tuchmacherin, etwa im flandrischen Tournai, waren erste Vorboten einer sich später verstärkenden gesellschaftlichen Ausdifferenzierung. Auch die friesischen Bauernkaufleute, zu-

Pflügender Bauer aus dem so genannten Stuttgarter Psalter, um 825 in Saint-Germain-des-Prés entstanden

gleich küstennahe Produzenten und Händler, gehörten einer Spezies an, die in Köln, Duisburg und Mainz über eigene Quartiere verfügte und den Binnenhandel auf den Flüssen nachhaltig prägte und ausweitete. Statt uniformer wirtschaftlicher Tristesse, die häufig mit dem Zeitalter Karls verbunden wird, findet sich ein bunter Teppich von Aktivitäten, die nicht zuletzt von den Wiken und «portus», Handelsniederlassungen an der Atlantikküste und deren Flussmündungen (Dorstadt, Quentowic) ausgehen. Hier konnte nach dem Abklingen der Normanneneinfälle die Wiederbelebung von Handel und Verkehr in der Mitte des 10. Jahrhunderts wieder anknüpfen, insbesondere an mittlerer und unterer Maas (Huy, Dinant).

Was die eigentliche Versorgung des Hofes Karls und seines Nachfolgers angeht, so gibt ein Text, der singulär in seiner Überlieferung ist, das schon angesprochene «Capitulare de villis», einen wichtigen Einblick in die Abläufe und die Prinzipien der Wirtschaftsführung.[24]

Gelegentlich hat man in diesem Dokument ein Zeugnis für die Bemühungen der Krone sehen wollen, in Zeiten der Not und des Hungers der leidenden Bevölkerung Hilfe zu bringen. Davon ist im Text selbst freilich nicht die Rede, vielmehr erfahren wir in einer Art Generalklausel zum Auftakt: «Wir wollen, dass unsere Höfe, die wir unserem Nutzen zu dienen eingerichtet haben, uns dienen und nicht anderen Menschen.» Die «familia», der Verband der Wirtschaftenden, darf nicht in Armut gedrückt werden, den Verwaltern der Güter wird vorab untersagt, die Bauern für eigene Dienste heranzuziehen, ihnen Pflugdienst abzufordern, sie Bauholz schneiden zu lassen oder von ihnen Geschenke entgegenzunehmen.

Der eigentliche Erlass enthält in einer modernen Edition nicht weniger als siebzig Kapitel, die sich allesamt mit Produktion und Distribution, Vermarktung und Rechnungsführung beschäftigen und die gesamte breite Palette der frühmittelalterlichen Landwirtschaft zum Gegenstand haben. Die Versorgung vor Ort bei Anwesenheit des königlichen Hofes wechselt mit Leistungen an die nächstgelegene Pfalz ab, zumal in Wein, Mastochsen und Fastenspeise. Termine zur Abrechnung und zugleich prospektiven Schau gliedern das Wirtschaftsjahr; eine spezielle Buchführung gilt dem Eigenverbrauch der Höfe, den Lieferungen an den Königshof und der Vermarktung der Überschüsse. Besonderes Augenmerk wird auf die Abschöpfung des Geldgewinns aus dem Verkauf der überschüssigen Produktion gerichtet.

Hinzu kommt das Bemühen um die rechte Ausstattung der Höfe mit allen wichtigen Handwerkern, etwa Schmied, Müller, Zimmermann. Eine sorgsame Hinwendung im Detail gilt der Pferdezucht – ein wichtiger Hinweis auf die fränkische Kriegsführung – und der Bereitstellung und Ausrüstung von Kriegskarren mit allen notwendigen Utensilien. Zur eigentlichen Versorgung des Königs und seines Gefolges tritt als weiterer Schwerpunkt dieses Erlasses die Sorge für die Organisation der Jagd als standesgemäßer Beschäftigung. Die königlichen Forsten, gelegen häufig unweit der Pfalzen, waren dem König allein vorbehalten – selbst den Grafen war die Großwildjagd im Revier untersagt. Insgesamt nimmt die Logistik zur Versorgung des Hofes einen beachtlichen Platz ein, der von der wirtschaftlichen Bedeutung der Krongüter für den König und seinen Hof zeugt.

Kultur: «Renaissance» und «Correctio»

Seit dem Erscheinen des Buches von Erna Patzelt 1924 verbindet sich mit dem Zeitalter Karls des Großen die «Karolingische Renaissance» als erste bewusste Wiederbelebung des klassischen Altertums, der im 10. und 12. Jahrhundert weitere Erneuerungsbewegungen als Vorläufer der eigentlichen «Renaissance» des 14. und 15. Jahrhunderts folgten.

Tatsächlich förderte diese kulturelle Strömung aber, ausgelöst am Hofe Karls, weitaus bescheidenere Ziele. Im Zentrum der Bestrebungen stand keinesfalls die Wiederbelebung antiker Formen und Inhalte in Malerei, Skulptur, Städtebau und «öffentlichen» Anlagen um ihrer selbst willen, sondern vor allem die Wiedererlangung sprachlicher Kompetenz und stilistischer Ausdruckskraft in einer der drei heiligen Sprachen, des Lateins. Der Kampf galt der merowingischen Verwilderung und damit dem Abgleiten des Lateins in die romanischen Volkssprachen. Jener als Karolingische Renaissance charakterisierte Angleichungsprozess des Frankenreichs an ältere Standards der Überlieferung war eine zwingende

Notwendigkeit, um die disparaten Landesteile, vor allem die Regionen zwischen Rhein und Elbe, zu einem Gemeinwesen auszubilden, das sich über die bloße Daseinsfürsorge erhob. Diese Standards stellte allein die vergangene «römische» Epoche – in Sprache und Dichtung des «Goldenen Zeitalters» wie in den Schriften der Kirchenväter – bereit. Mit ihrer Hilfe konnte das Evangelium auch als Buchreligion nördlich der Alpen fest verankert und zugleich auf das römische Papsttum als Haupt der lateinischen Christenheit ausgerichtet werden. Tausende von Codices reproduzierten antikes und patristisches Schrift- und Gedankengut und legten damit den Grundstein abendländischer Bildung.

Im Vordergrund der Bemühungen stand zunächst die Besserung und Reinigung der Sprache – nicht ohne Grund hat man daher häufig von einer «Korrektur», «correctio», statt von einer «Renaissance» gesprochen – als Grundvoraussetzung zur allseitigen Hebung des kulturellen Niveaus. Dieses erkennbare Bemühen, Anschluss an ältere Traditionen zu gewinnen und römische Muster verbindlich zu machen, war keineswegs auf den Hof beschränkt, der ohnedies erst nach 795 eine festere Organisation vor Ort – in Aachen – gefunden haben kann. Es sind Klöster vom Range von St. Denis, Corbie und Tours, aber auch St. Riquier, St. Amand und Chelles, nicht zu vergessen Lorsch, St. Gallen, die Reichenau und Fulda, die Domschulen von Köln, Reims oder Salzburg, die eine breite Basis von sprachlicher und inhaltlicher Erneuerung im Rückgriff auf die Vergangenheit gelegt haben. Ihnen verdankt Europa in der Bewahrung und Sicherung der Texte den Anschluss an das Altertum. Zugleich ging von ihren Skriptorien die Reform der Schreibschrift als Instrument der Vermittlung aus.

Karl darf ohne Einschränkung als Spiritus Rector dieser Reformbewegung bezeichnet werden. Er war es, der schon bald nach der Eroberung des Langobardenreichs hochrangige Experten um sich versammelte, so den Grammatiker Petrus aus Pisa, den gelehrten Prinzessinnenerzieher Paulus Diaconus, der zugleich mit seiner Metzer Bistumsgeschichte die neue Königsdynastie ins rechte Licht rückte, Paulinus, den späteren Patriarchen von Aquileia, als theologischen Experten, den Westgoten Witiza, der als Benedikt von Aniane zum «Reichsabt» unter Ludwig dem Frommen aufstieg, Theodulf von Orléans, Karls Speerspitze gegen «öst-

789

liche» Bilderverehrung und «spanische» Christologie, den als Hibernicus Exul bekannten anonymen Iren, einen der begabtesten Poeten seiner Zeit, und vor allem den an der gelehrten Kathedralschule von York ausgebildeten Angelsachsen Alkuin als Mentor des Königs und ersten Leiter der «Hofschule». Seinem umfangreichen Briefcorpus verdanken wir eine Fülle von Nachrichten als Spiegel des Zeitalters und der Politik seines Förderers.

Entscheidend für den Erfolg von «Renaissance» und «Correctio» über die Rombindung in Text und Exegese hinaus erwies sich die Erneuerung der Lateinstudien im Kanon des Triviums, der Dreiheit aus Grammatik, Rhetorik und Dialektik. In den Kloster- und Domschulen diente eine ausgedehnte Lektüre von Texten des Altertums, die damit zu «Klassikern» aufstiegen, diesem Zweck. Sie lieferten in Wortschatz, Redefiguren und Satzbau Vorbilder «silberner» Latinität. Der Erfolg ließ nicht auf sich warten. Auch die königliche Kanzlei verfügte nach wenigen Jahrzehnten über eine sprachliche Gestaltungskraft, die sich vorteilhaft von älteren Versuchen abhob. Zur Ausbildung im Latein trat im 9. Jahrhundert verstärkt zum Trivium das Quadrivium hinzu als weiterer Block der Artes liberales, der «freien Künste», mit Arithmetik, Geometrie, Musik und Astronomie, letztere ungeschieden von der Astrologie. Maßstäbliche Handschriften, die in Schule und Kultus zugleich ihre Anwendung fanden, wurden aus Rom importiert: Sakramentare (Messtexte), Homilien (Predigtsammlungen), auch Dekretalen (Rechtssammlungen) wie die «Dionysio-Hadriana» – benannt nach ihren Verfassern Dionysius Exiguus und Papst Hadrian I. – fanden Verbreitung nördlich der Alpen, der römische Kirchengesang (Gregorianik) wurde eingeführt, eine Originalabschrift der Benediktsregel aus Monte Cassino als verpflichtender Ordo den Klöstern zur Befolgung übermittelt. Die karolingischen Skriptorien überlieferten eine Fülle antiken Schrifttums der Nachwelt, nicht nur aus der Feder der Poeten, Philosophen, Historiker, sondern auch wissenschaftliche Werke des Plinius, des Vegetius, Vitruvs und Columellas zu Naturheilkunde, Kriegsführung, Architektur und Landwirtschaft.

Programmatische Erlasse vom Range der «Admonitio generalis» («Allgemeine Ermahnung») von 789 und das nahezu gleichzeitige Rundschreiben «Über die Pflege der Wissenschaften» («De litteris colendis») schärften den Grundsatz ein, dass nur korrekte Form korrekten Inhalt verbürgt. Der Orthographie kam eine geradezu magische Bedeutung zu. Am Ende dieser Bemühungen um Korrektur stand die Emendation der Vollbibel. Protagonisten sind wiederum Alkuin als Abt in Tours und Theodulf als Bischof von Orléans, denen sich der alternde Herrscher selbst noch hinzugesellte, der in seinen späten Tagen mit Hilfe von Experten – «Griechen und Syrern» – die vier Evangelientexte «aufs beste korrigierte». Karl besaß eine beträchtliche Bildung, war des Lateins durchaus mächtig und konnte gelehrten Synoden präsidieren, verstand nach Einhart sogar Griechisch. Selbst mit dem Erlernen des Schreibens soll er sich nach der bekannten Anekdote bei Einhart im fortgeschrittenen Alter nächtens abgemüht haben. Diese Fertigkeit gehörte im Gegensatz zum Lesen damals aber nicht zum Bildungskanon des Adels oder gar des Königs.

Karls Brief «Über die Pflege der Wissenschaften» (um 789)
Weil aber auf den heiligen Seiten Figuren, Bilder und ähnliches sich eingefügt findet, darf es nicht zweifelhaft sein, daß wer auch immer diese liest, sie um so rascher dem Sinn nach erfaßt, sofern er zuvor in den Wissenschaften [Litterarum magisterium] vollständig unterwiesen worden ist. Zu dieser Tätigkeit sollen Männer ausgewählt werden, die sowohl den Willen als auch die Fähigkeit haben zu lernen und den Wunsch, andere zu belehren.
MGH Cap. I, Nr. 29, S. 78f.

In dieser kulturellen Umbruchstimmung, ja Schulatmosphäre gedieh weder ein neues Athen, wie es sich Karl wünschte, noch ging aus ihr ein zweiter Ovid oder Horaz hervor, auch Cicero und Augustinus erfuhren keine Wiedergeburt, aber diese sammelnde und verbessernde Tätigkeit legte in Schreibstuben und Klassenzimmern die Grundlage jener mittelalterlichen Latinität, die, häufig als Kirchen- oder gar Küchenlatein verspottet, über das Medium der Religion dem werdenden Abendland, Europa, seinen geistigen Halt und Zusammenhalt, Wissen vor allem, vermittelt hat. Hinzu trat die bereits erwähnte Schriftreform, die Ausbildung der so genannten karolingischen Minuskel. Diese Schreibschrift löste die merowingische Kursive, eine ineinander laufende, proportionslose, vergleichsweise unleserliche Schrift ab und führte zur Anwendung des Vier-Zeilen-Schemas, ausgeprägter Buchstabenformen mit deutlichen Ober- und Unterlängen, zu Worttrennung und sparsamer Anwendung von Kürzungszeichen. Dieser Schrift gehörte die Zukunft – selbst das Papsttum verzichtete seit Mitte des 11. Jahrhunderts weitgehend auf den eigenen Schrifttypus, die so genannte Kuriale. Neben dem Latein als Lingua Franca des Abendlandes und dem Silberdenar als Kurrentmünze schuf die neue Schreibschrift als weiteres Kommunikationsmittel das dritte Element europäischer Gemeinsamkeiten des Mittelalters.

Ein frühes Zeugnis dieser Schrift legt das zwischen 781 und 783 entstandene so genannte Godescalc-Evangelistar ab, das im Auftrag des Königs und seiner Ehefrau Hildegard nach dem zweiten Romaufenthalt Karls 781 von dem Schreibkünstler Godescalc geschrieben wurde. Dieser mit sechs ganzseitigen Miniaturen ver-

Der «Born des Lebens» (Taufbrunnen) im Godescalc-Evangelistar, entstanden um 781–83 im Auftrag Karls des Großen und seiner Gemahlin Hildegard

Einband des Dagulf-Psalters, von Karl dem Großen für Papst Hadrian I. vor 795 in Auftrag gegeben. Die Elfenbeintafeln zeigen zwischen den beiden Feldern links das Lamm Gottes, umrahmt von Engeln, und rechts die Hand Gottes, umgeben von Cherubim, unten links König David, der die Psalmen singt, und rechts unten den heiligen Hieronymus, der sie einem Schreiber diktiert. In den Ecken der Tafeln links die Evangelistensymbole, rechts Petrus und Paulus und unten zwei weitere Apostel.

schwenderisch ausgestattete Codex auf purpurgetränktem Pergament in Gold- und Silberschrift zeigt das Widmungsgedicht bereits in der neuen Minuskel. Die Handschrift taucht gleichsam aus dem Nichts empor – Godescalc kann keinem sonst bekannten Skriptorium sicher zugewiesen werden. Vielleicht war er in Metz oder Lorsch tätig. Die so genannte Hofschule ist allenfalls mit dem Ausbau Aachens nach 795 zur festen Institution geworden. Ein ähnliches Rätsel gibt die Herkunft Dagulfs auf, Schreiber des nach ihm benannten kostbaren Psalters, den der König als Geschenk für den verehrten Papst Hadrian I. noch vor 795, dem Todesjahr des Petrusnachfolgers, anfertigen ließ. Der kleinformatige Band zeigt nur wenige ganzseitige Initialen, verzichtet auf jedwede Illustration – möglicherweise dem Kampf der fränkischen Kirche gegen die östliche Bilderverehrung verpflichtet. Dafür umgaben den Psaltertext verschiedene Fassungen des Glaubensbekenntnisses als Zeichen fränkischer Orthodoxie.[25] Sieht man von diesen herausgehobenen Codices ab – der Dagulf-Psalter war obendrein noch mit kostbaren zeitgenössischen Elfenbeintafeln (aus Italien?) eingefasst und geschmückt –, so geht lediglich eine weitere schmucklose Handschrift, die sich heute in der römischen Vallicelliana befindet, nach Schreibereintrag unmittelbar auf eine Anregung Karls zurück. Man wird daher mit Zuweisungen von Prachtbänden an den Hof, vor allem an die «Hofschule» oder gar an Karl selbst außerordentlich vorsichtig sein müssen. So gibt es weder einen Hinweis auf die Herkunft der so genannten Ada-Gruppe, benannt nach einem Trierer Codex, noch auf die Gruppe des Wiener Krönungsevangeliars aus einem königlichen Skriptorium. Auch die Provenienz von Elfenbeinen aus herrscherlichen Werkstätten (jenseits der Alpen) lässt sich nicht nachweisen. Diese könnten – sofern überhaupt zeitgenössisch – in klösterlichen Offizien entstanden sein oder gar wie die großformatigen, künstlerisch überragenden Tafeln des Lorscher Evangeliars spätantikravennatischer Herkunft sein. In Aachen sind von diesen vermuteten Ateliers und Fabriken bei Grabungen 1911 lediglich Spuren der ehemaligen Bronzewerkstätten entdeckt worden, auf deren Tätigkeit die fünf Türen des Münsters und die Emporengitter zurückgehen – Säulen, Kapitelle und Fußbodenmosaiken sind hingegen weitgehend aus Rom, Ravenna und Trier herbeigeschaffte Spolien. Die Anfertigung von illuminierten Handschriften, auch der Einbau antiker Bauteile, war von beträchtlicher künstlerischer Fernwirkung. So knüpfte die ottonisch-salische Epoche, Klöster vom Range Fuldas und Corveys, der Bodenseeabteien St. Gallen und der Reichenau sowie des luxemburgischen Echternach an diese karolingischen Codices an, und Otto I. sah in Magdeburg nicht nur ein neues Konstantinopel wie Karl einst in Aachen, sondern stattete seinen Dom ebenfalls mit kostbaren antiken Säulen als imperialem Schmuck aus.

Was die Bauten Karls als Inbegriff steingewordener Renaissance betrifft, so orientieren wir uns mit Vorbedacht an Einharts kompetenter Einschätzung, dem die Aufsicht über die Aachener Bauhütte zugefallen war und der sich später selbst in Steinbach und Seligenstadt im Odenwald als Bauherr betätigte. Als bedeutendste Zeugnisse königlicher Bauleidenschaft nennt er das Aachener Münster, die hölzerne Rheinbrücke bei Mainz und die beiden «palatia» (Hallen), die Pfalzen in Ingelheim und Nijmegen. Des Weiteren rühmt er Karls Sorge um den Erhalt und Wiederaufbau alter verfallener Kirchen. Auch der verstärkte Schiffbau zum Küstenschutz findet in diesem Kontext Erwähnung. Die Rheinbrücke, in diesen Dimensionen wohl die bedeutendste Konstruktion des Zeitalters zur Überwindung eines Stroms, wurde noch zu Lebzeiten Karls ein Opfer der Flammen, zu einem geplanten Wiederaufbau in Stein (nach dem Vorbild römischer Brücken in Rom oder Ravenna) kam es nicht mehr. Die Pfalz Nijmegen ist verschwunden, ihre Reste sind als karolingische Spolien in staufische Nachfolgebauten eingefügt worden; Ingelheim lässt in der machtvollen Aula regia, die heute in ihren Fundamenten und Teilen des aufgehenden Mauerwerks freigelegt wird, das Vorbild der Trierer antiken Kaiserbasilika erkennen. In Aachen – der Lieblingspfalz Karls und seine Residenz – ist die Aula regia im spätgotischen Rathaus aufgegangen, von dem steinernen Verbindungsgang zwischen Aula und Pfalzkapelle sind noch Reste eines Querbaus ungewisser Bedeutung erhalten, die Kirche ist aber trotz gotischer Umbauten und Zusätzen des 19. und 20. Jahrhunderts als Oktogon in ihrer ursprünglichen Form wesentlich erhalten. Überfangen von einem zweigeschossigen Umgang mit ansteigenden Tonnengewölben öffnet sich der Zentralbau nach außen hin zu einem Sechzehneck. Errichtet wurde das Münster auf den Resten einer frühmittelalterlichen Kirche, der ihrerseits eine römische Badanlage als Fundament diente. Der Bau Karls gibt nicht wenige Rätsel auf, folgt er doch in seiner Anlage weder den damals «modernen» romorientierten Doppelchoranlagen nach dem Beispiel von Köln, Fulda oder Lorsch noch dem basilikalen Bautypus von Alt-Sankt Peter.[26] Die Pfalzkapelle, zugleich Pfarrkirche der Villa Aachen, ist eindeutig dem Muster des antiken Zentralbaus verpflichtet, in Rom eindringlich präsent in dem kurz nach 609 zur Marienkirche umge-

Karl der Große beaufsichtigt den Bau der Pfalz Aachen. Pippin der Bucklige erhält die Tonsur (rechts hinten). Miniatur von Jean Fouquet in einer Handschrift der «Grandes Chroniques de France», um 1450

Die Pfalzkapelle im Aachener Münster mit dem so genannten Karlsthron

wandelten Pantheon, ebenso in Santa Costanza und San Stefano Rotondo, vor allem in dem ursprünglich achteckigen Baptisterium der Lateranbasilika, San Giovanni in fonte. Andere Vorbilder könnten ebenfalls prägend gewesen sein. So verweist die kunstgeschichtliche Forschung seit langem auf San Vitale in Ravenna, eine der Hauptkirchen der Kapitale an der Adria, Sitz des Exarchen und mehrfach von Karl aufgesucht. San Vitale folgt ihrerseits der Kirche Hagios Sergios und Bacchos in Konstantinopel und zugleich in ihrer Raumwirkung der berühmten Hagia Sophia, erbaut von Kaiser Justinian I. in den Jahren 532 bis 537. Karls Nähe zu Ravenna ist bekannt, von hier ließ er die nicht erhaltene Theoderich-Statue nach Aachen verbringen, Säulen und Marmorinkrustationen des Exarchenpalastes über die Alpen schaffen. Das byzantinische Beispiel wirkte übermächtig, Konstantinopel, dem Basileus, galt es gleichzukommen. Die Metropole am Bosporus war freilich in den gewaltigen Dimensionen ihrer Bauten, auch der Zahl ihrer Einwohnerschaft, dem Luxus der Paläste und dem Glanz ihrer Kirchen, der Heilskraft ihrer Reliquien nicht zu erreichen – auch das Beispiel Ravenna erwies sich bis zum heutigen Tage dem kargen Norden Europas haushoch überlegen. Andere Kirchen Italiens mochten ebenfalls Anregungen geliefert haben, etwa die achteckige Kapelle des heiligen Aquilinus, früher dem heiligen Genesius geweiht, in der Mailänder Kirche San Lorenzo Magno, einem Bau der römischen Kaiserzeit auf zentralisiertem Grundriss. Dieses Oktogon könnte als Taufkapelle gedient haben.[27] Jüngst ist Köln sowohl mit der Kirche St. Gereon als auch mit dem Prätorium, dem Sitz des römischen Statthalters, als Vorbild für die Aachener Pfalzkirche in Anspruch genommen worden.[28] Sogar außereuropäische Bauwerke dürfen als inspirierende Vorlagen in Erwägung gezogen werden: So wissen wir, dass die Zeitgenossen Karls in der Aachener Marienkirche den Tempel Salomons wieder erstanden sahen – damit ergibt sich von selbst der Hinweis auf den Felsendom der Omaijaden auf dem Jerusalemer Tempelberg, der ebenfalls acht Ecken zeigt und dessen Kuppel als Gewölbe auf Säulentrommeln ruht. Im Inneren ist er Aachen entsprechend mit Marmor verkleidet und mit einer umlaufenden Inschrift versehen. Erinnern wir daran, dass bereits in einem Reisebericht von 870 der Felsendom mit dem legendären zerstörten Tempel des Davidsohnes gleichgesetzt wurde. Dieser Bezug wird noch enger, wenn wir jüngsten dendrochronologischen Untersuchungen Glauben schenken wollen, die den Aachener Karlsthron mit dem Frankenherrscher selbst in Verbindung bringen und dort verwendete Marmorplatten, wie erwähnt, als Spolien der Grabeskirche interpretieren.

Die Palastaula der Aachener Pfalz, das spätgotische Rathaus, orientierte sich in ihrer Grundform an einem römisch-päpstlichen Bau, das Triklinium, dem dreiapsidialen Speisesaal des Lateranpalastes, den Leo III. nach seiner Erhebung, aber vor dem Jahr 800 errichten ließ und der seinerseits an späten byzantinischen Mustern ausgerichtet war. Damit fußt Karls «renovatio imperii» auf antiken, ravennatischen und römischen Vorbildern, Mailand, Köln und sogar Jerusalem können Anregungen vermittelt haben.

So ist es sicher auch kein Zufall, wenn das so genannte Krönungsevangeliar, seit dem Hochmittelalter Teil der heute in Wien aufbewahrten Reichsinsignien, in seinen kostbaren Evangelistenbildern erstmals als künstlerisches Produkt jenseits der Alpen ganz dem spätantik-byzantinisch expressiven Malstil verpflichtet ist. Es sind offensichtlich griechische Künstler, die mutmaßlich im kaiserlichen Auftrag diese grandiosen Schreiberporträts vor bewegter Kulisse geschaffen haben. Konstantinopel ist und bleibt das verpflichtende Vorbild Aachens, auch in der künstlerischen Ausgestaltung erlesener Manuskripte.

Der Evangelist Johannes aus dem so genannten Krönungsevangeliar, wohl gegen 800 entstanden, der Legende nach von Kaiser Otto III. im Jahr 1000 im Grab Karls aufgefunden

Karl der Große: Was bleibt

Im Zeitalter der Massendemokratie über die historische Größe vergangener Herrscher zu befinden, ist wenig opportun und schwierig zugleich. Dieses Unvermögen ist Ausdruck der eingestandenen oder uneingestandenen eigenen Inferiorität – «Unser Knirpstum; Größe ist was wir nicht sind» (Jacob Burckhardt) – und zugleich berechtigte Abwehr eines im 19. und 20. Jahrhundert überstrapazierten Begriffes, der sich für die damaligen Zeitgenossen mit Eroberungen und Schlachtenruhm, dem Machtstaat vor allem, verband und der allenfalls von kulturell-zivilisatorischen Errungenschaften begleitet wurde. Größe wurde mit nationaler Größe, gar mit dem Streben nach Weltherrschaft gleichgesetzt. Prototypisch sind beide Friedriche mit der Ordnungszahl II., denen reiche Panegyrik zuteil wurde. Bezeichnenderweise verwechselte schon Goethe auf seiner Sizilienreise beide Heroen der Geschichtsschreibung. Nach dem Ende der letzten Großen – zumindest der deutschen – fand eine gründliche Entzauberung statt, die partiell in Gefahr lief, Person und Persönlichkeit in der Geschichte auf dem Altar von Struktur- oder Gesellschaftsanalyse zu opfern. Und doch lassen sich wesentliche Momente des historischen Verlaufs ohne zureichende Würdigung der Handelnden nicht erkennen und beschreiben – die wieder anschwellende Flut von Biographien trägt diesem Sachverhalt Rechnung.

Größe verband sich, wie erwähnt, insbesondere für den Staatsmann mit kriegerischen Aktionen, Land- und Machtgewinn. Europa, nicht erst seit den Tagen der Kreuzzüge aus dem Geist der Gewalt entstanden, um den Titel des Buches von Robert Bartlett zu zitieren[29], konzentrierte seine Aufmerksamkeit auf den Staatenlenker und Heerführer. Dies gilt auch für die Person Karls, Karls «des Großen». Das Epitheton «groß», «magnus», das im Französischen, Italienischen sowie Englischen mit dem Namen Karl zu einer Einheit verschmolz, war zunächst nur ein schmückender Zusatz zum Titel des Kaisers wie «orthodox» («rechtgläubig»)

Karl der Große (links) und Ludwig der Heilige umarmen sich als Zeichen der Verbindung von Karolingern und Kapetingern. Miniatur im «Mirouer Historial Abregie de France» von 1451/73

oder «augustus» («erhaben») und bezeichnete vor allem seinen abgehobenen Rang, keine persönliche Eigenschaft. Erst in späteren Jahrhunderten wurde aus dem «magnus imperator», dem großen Kaiser, Carolus magnus, Karl der Große. Im Wandel des Herrscherepithetons zu einem persönlichen Attribut ist in einem Kürzel die Legende, der Mythos eingefangen. Grundlage dieser

Überhöhung und Monumentalisierung war bereits Einharts gut ein Jahrzehnt nach Karls Tod verfasste Biographie. Diese brachte es mit rund 120 heute bekannten Textzeugen zum Rang eines mittelalterlichen Bestsellers, der unter den Händen der Mönche von St. Denis zum Bestandteil der offiziellen hoch- und spätmittelalterlichen Chronistik des französischen Königtums wurde; bereits Vinzenz von Beauvais schuf in seinem «Speculum Historiale» die klassische Fassung des «reditus ad stirpem Karoli», die Doktrin von der Rückkehr der Kapetinger zur Familie Karls, zunächst in der Person Ludwigs VIII., dann Ludwigs des Heiligen, seines Sohnes.[30]

Namentlich das 15. Jahrhundert feierte in Frankreich das Andenken des großen Karl als Ahnherr auch der Valois. So bezeichnete der Bischof von Chalon-sur-Saône den französischen König Karl VII. 1452 als «Karl, König von Frankreich, genannt der Siegreiche, neuer David, neuer Konstantin, neuer Charlemagne». Und Ludwig XI. sandte voller Devotion 1481 das berühmte goldene Armreliquiar, eine meisterliche Goldschmiedearbeit aus Lyon, als Pendant zum Kopfreliquiar, das Kaiser Karl IV. nach 1348 gestiftet hatte, in die Aachener Palastkapelle.[31]

Armreliquiar Karls des Großen, Frankreich 1481, gestiftet von König Ludwig XI.

Das altfranzösische «Chanson de Roland» als Kreuzzugsepos hatte dieser Verbindung von Karl und den «Franzosen» bereits vorgearbeitet; die dynastische Namensgebung mit den karolingischen Leitnamen Karl und Ludwig bekräftigte seit dem 12. Jahrhundert diese

Vorstellungen, die zudem mehr und mehr in Charlemagne den wahren Schöpfer des modernen Frankreichs, des berühmten Hexagons, sahen. Im Gegenzug kreierten die Staufer, allen voran Friedrich I. und sein Enkel Friedrich II., 1165 und 1215 den «Reichsheiligen» Karl, dessen Gebeine seither im Karlsschrein des Aachener Münsters ruhen. Der Luxemburger Karl IV. baute im 14. Jahrhundert den Kult seines namensgleichen Vorgängers erfolgreich aus. Die bildenden Künste schufen europaweit und länderübergreifend Miniaturen, Gemälde, Glasfenster und nicht zuletzt Skulpturen und Statuen, so genannte Rolande, deren größter seit 1404 den Bremer Marktplatz ziert, die Karl in Gestalt seines Paladins vor allem als Rechtschöpfer und Rechtsbewahrer, als Idealbild eines gerechten Herrschers der Nachwelt vor Augen führten.

Geschichte und Mythos waren offenkundig schon für die Zeitgenossen in der Person Karls ineinander verwoben; Einharts Monumentalbild zeichnete die Konturen nach, die Karl selbst in seiner Epoche bereits hinterlassen hatte. So kommt es auch nicht von ungefähr, dass die Bezeichnung für «König», «kral», in zahlreichen slawischen Sprachen dem fränkischen «Karl», «Kerl», entspricht.

Worin ließ sich die Größe – auch für die Miterlebenden – fassen? Zunächst war Karl nach Kriterien, die vom Altertum bis ins 20. Jahrhundert hinein zur Beurteilung von Staatsmännern Gültigkeit besaßen, ein wahrer «Augustus», ein «Mehrer des Reiches». «Mit seinen Kriegen», so lässt uns bereits Einhart wissen, «vergrößerte er das Frankenreich, das er seinem Vater folgend bereits groß und stark übernommen hatte, auf edle Weise [nobiliter] dergestalt, dass es fast den doppelten Umfang jenes erreichte.» (E. Kap. 15) Die militärische Expansionsphase ließ das Frankenreich östlich des Rheins bis zur Elb-Saale als «nasse Grenze» vorrücken und schuf damit die territoriale Voraussetzung für das spätere «regnum Teutonicum» – «Deutschland» – als Teil der hochmittelalterlichen Ländertrias Deutschland, Italien, Burgund, aus der sich das «Heilige Römische Reich» seit dem 11. Jahrhundert zusammensetzte. Karl fügte ferner Aquitanien und die Gascogne, das Land zwischen Loire und Pyrenäen dauerhaft an die ältere Francia zwischen Rhein und Loire und legte damit das Fundament zur späteren staatlichen Integration des Südens, der Langue d'oc, als Ergänzung der Langue d'oil in die kapetingische Monarchie. Die Eroberung des Langobardenreiches im Bündnis mit dem Papsttum band zudem auf Dauer die Alpensüd- mit der Alpennordseite bis ins 19. Jahrhundert zusammen und bewahrte den Stiefel vor dem Schicksal der Iberischen Halbinsel, größtenteils Beute der Muslime zu werden. Nicht zuletzt schuf die erneuerte Kaiserwürde eine bedeutsame Klammer zwischen den beiden Reichsteilen. Die strikte Romorientierung Karls wurde prägend für den weiteren Geschichtsverlauf Mitteleuropas. Das Verhältnis zwischen der «heiligen Autorität der Priester» und der «königlichen Gewalt» (Papst Gelasius I.) führte mehr und mehr zu einem System gegenseitiger Abhängigkeiten – am Ende einer langen Entwicklung beanspruchte das Papsttum die Verfügungsgewalt über beide Schwerter, geistliches und weltliches, und damit zugleich über die politische Führung in Europa. Dieser Dualismus war sowohl der Spätantike als auch dem Kaisertum am Bosporus stets fremd geblieben.

Die Rombindung Karls äußerte sich zwar politisch in jeweils durchaus konditionierten Zweckbündnissen mit den Nachfolgern Petri, beruhte aber fundamental auf einer strikten Ausrichtung an den Gebräuchen und Gewohnheiten der römischen Kirche. Spätantike Gelehrsamkeit und mönchische Regelhaftigkeit hielten Einzug jenseits der Alpen, Karls intensives Werben um hervorragende Gelehrte und Begabungen jedweder Herkunft ließ jenen Prozess der kulturell-intellektuellen «Europäisierung» Europas, der Herausbildung des Abendlands, vielfältig Gestalt annehmen.

Die Transformation der Alten Welt zur Welt des Mittelalters ereignete sich damals mit der «Achsendrehung der Weltgeschichte nach Norden», wie der Belgier Henri Pirenne bereits vor Jahrzehnten diesen Prozess zutreffend bezeichnet hat. Die Mitte des Kontinents wird zum Schmelztiegel römischer, keltischer, germanisch-fränkischer, auch slawischer Elemente, aus denen ein Neues, das «Mittelalter», hervorgeht. Zugleich gewinnt dieser Prozess bereits damals das Stadium der Unumkehrbarkeit.

Freilich macht dieser Wandel zunächst an Elbe und Saale, Böhmerwald, Enns und Drau Halt und fand erst eine Generation später seine Fortsetzung in Richtung Norden, auf Skandinavien zu, dann um 1000 jenseits der nassen Grenzen nach Osten und Südosten und noch später bis ins Baltikum – Mission wird ergänzt durch Kolonisation.

Bereits in dem Bild, das sich die Zeitgenossen von dem König und Kaiser machten, der mehr als vierzig Jahre lang das Frankenreich regiert und zur Vormacht des Kontinents ausgebildet hatte, verfestigten sich kriegerische Expansion und geduldige «Friedensarbeit» zu einem gelungenen Ganzen. Gemessen an seinen Nachfahren, die freilich die Gunst der ersten Stunden nicht mehr für sich beanspruchen konnten, erschien er als Herrscher von außergewöhnlichem Format, dessen Größe zu Lebzeiten einen gewaltigen Schatten auf Sohn und Enkel warf. So sah der unbekannte Verfasser des «Paderborner Epos» in Karl den «Leuchtturm», den «Gipfel Europas», ja den «Vater» eines Kontinents mithin, der damals kaum mehr als ein geographischer Begriff war und der sich heute mehr und mehr von seiner mittelalterlichen Ausgangsgröße entfernt – Folge der Nord- und Osterweiterung. Mit Karl und seiner Lebensleistung hatte er Konturen bekommen, die vielfach weiterwirkten und weiterwirken. Zur reformorientierten, auf Frieden und Gerechtigkeit ausgerichteten Innenpolitik trat sichtbar eine auf Austausch und Ausgleich bedachte Außenpolitik, die unterschiedliche Religionen und Kulturen als Mittelmeeranrainer in einem friedlichen Miteinander zusammensah. Der Dialog hatte begonnen. Damit gab die damalige Weltpolitik – nicht von ungefähr das Zeitalter Karls und zugleich Harun-ar-Raschids – für Gegenwart und Zukunft ein Beispiel – im Gegensatz zur Epoche der Kreuzzüge als Ausdruck der Gewalt und Entfremdung.

Karls Apotheose:
Mit der Zeit nämlich werden die großen Männer von jeder Fraglichkeit der Taxation, von jeder Nachwirkung des Hasses derer, die unter ihnen gelitten, frei; ja ihre Idealisirung kann dann in mehrfachem Sinne zugleich erfolgen, so die Carls des Großen als Held, Fürst und Heiliger.
Jacob Burckhardt: Weltgeschichtliche Betrachtungen, 1868

Die Frage, ob Karl bereits ein «Europäer», gar der ersten Stunde, gewesen sei, ja ein Vordenker der Römischen Verträge von 1957, ist anachronistisch. Er war auch kein Deutscher oder Franzose. Dieser Streit ist historisch geworden: Er war ein Franke in halbarchaischer Zeit, der aus der Sicht der nachfolgenden Generationen das Fundament legte, auf dem Europa als gemeinsames Haus, als «work in progress» bis heute emporwächst. Karls Herrschaft hat Europa nicht geschaffen, mit ihm beginnt aber seine mittelalterliche, zugleich auch seine moderne Geschichte. Seine Epoche schuf die Voraussetzungen unserer eigenen Existenz.

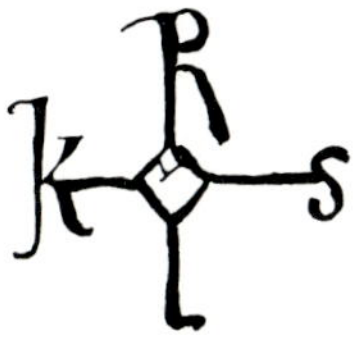

Monogramm Karls des Großen auf einer Urkunde von 794 mit eigenhändig gemalten so genannten Vollziehungsstrichen innerhalb der Raute

Anmerkungen

1 Vgl. jetzt Matthias M. Tischler: Einharts Vita Karoli. 2 Bde., Hannover 2001; Franz Bosbach: Die politische Bedeutung Karls des Großen für Karl V. In: Archiv Kulturgeschichte 84 (2002), S. 113–131

2 Andrea Esmyol: Konkubinen im frühen Mittelalter. Außereheliche Beziehungen in der fränkischen Gesellschaft. Köln 2002, S. 174 ff.

3 Hagen Keller: Zu den Siegeln der Karolinger und Ottonen. Urkunden als ‹Hoheitszeichen› in der Kommunikation des Königs mit seinen Getreuen. In: Frühmittelalterliche Studien 32 (1998), S. 404–410

4 Dieter Hägermann: «Quae ad profectum et utilitatem pertinent». Normen und Maximen zur «Innen- und Außenpolitik» in der Divisio Regnorum von 806. In: Peasants and Townsmen in medieval Europe. Studies in honorem Adriaan Verhulst. Gent 1995, S. 605–617

5 Achim Arbeiter: Alt-St. Peter in Geschichte und Wissenschaft. Berlin 1988, S. 176 f. und S. 181 ff.

6 Charles R. Bowlus: Die Reitervölker des frühen Mittelalters im Osten des Abendlandes. Ökologische und militärische Gründe für ihr Versagen. In: Ungarn-Jahrbuch 22 (1995/96), S. 1–25

7 Dieter Hägermann: Karl der Große und die Schiffahrt. In: Konrad Elmshäuser (Hg.): Häfen – Schiffe – Wasserwege. Zur Schiffahrt des Mittelalters. Hamburg 2002, S. 9 ff.

8 Robert Koch: Fossa Carolina – Neue Erkenntnisse zum Schiffahrtskanal Karls des Großen. In: Konrad Elmshäuser (Hg.), wie Anm. 7, S. 54–70

9 D. P. S. Peacock: Charlemagne's black stones: The re-use of Roman columns in early medieval Europe. In: Antiquity 71 (1997), S. 709–715

10 Jürgen Krüger: Die Grabeskirche zu Jerusalem. Regensburg 2000, S. 39 ff.; Eduard Carbonell, Roberto Cassanelli (Hg.): Von Mohammed zu Karl dem Großen. Stuttgart 2001, S. 20 ff.

11 Ulrich Sahm, Sonja Schön: Jerusalem und die heiligen Stätten. München 2000, S. 34 ff.

12 André Clot: Harun al Raschid. Kalif von Bagdad. Neuausgabe Düsseldorf und Zürich 2001, S. 221–254

13 Jean-Pierre Devroey, Christian Brouwer: La participation des Juifs au commerce dans le monde franc (VIe – Xe siècles). In: Voyages et voyageurs à Byzance et en Occident du VIe au XIe siècle. (Bibliothèque de la Faculté de Philosophie et Lettres de l'Université de Liège Fasc. 278). Genève 2000, S. 339–374

14 Sven Schütte: Der Aachener Thron. In: Krönungen. Könige in Aachen. Geschichte und Mythos. Hg. von Mario Kamp. Bd. 1, Mainz 2000, S. 213–222

15 Dieter Hägermann: Der Dagulf-Psalter – ein Zeugnis fränkischer Orthodoxie. In: Von Sacerdotium und Regnum (Festschrift Egon Boshof). Hg. von Franz-Reiner Erkens und Hartmut Wolff. Köln 2002, S. 183 ff.

16 Hans-Hubert Anton: Solium imperii und principatus sacerdotum in Rom, fränkische Hegemonie über den Okzident / Hesperien – Grundlagen, Entstehung und Wesen des karolingischen Kaisertums. In: Von Sacerdotium und Regnum, wie Anm. 15, S. 203–274

17 Jörg Jarnut: 799 und die Folgen. Fakten, Hypothesen und Spekulation. In: Jörg Jarnut: Herrschaft und Ethnogenese im Frühmittelalter. Gesammelte Aufsätze von Jörg Jarnut. Festgabe zum 60. Geburtstag. Hg. von Matthias Becher. Paderborn 2002, S. 260 ff.

18 Wolfgang Haubrichs: Das palatium von Thionville / Diedenhofen

und sein Umland im Spiegel frühmittelalterlicher Siedlungsnamen und Siedlungsgeschichte. Eine toponomastische und interferenzlinguistische Studie. In: Septuaginta quinque. Festschrift für Heinz Mettke. Hg. von Jens Haustein. Heidelberg 2000, S. 171 ff., verweist am Beispiel Diedenhofen-Thionville auf ältere bilinguale Mischgebiete mit späteren deutsch-französischen Doppelformen der Siedlungsnamen.

19 Dieter Hägermann: «Quae ad profectum et utilitatem pertinent», wie Anm. 4

20 Aurelius Augustinus: Vom Gottesstaat. Übersetzt von Wilhelm Thimme. Bd. 1, Zürich 1978, S. 273 ff., Kap. 24 und 25

21 Waltraud Bleiber: Grundherrschaft und Markt zwischen Loire und Rhein während des 9. Jahrhunderts. Untersuchungen zu ihrem wechselseitigen Verhältnis. In: Jahrbuch für Wirtschaftsgeschichte 1982, S. 105–195

22 Ernesto Bernareggi: Carolingian gold coins from the Ilanz hoard. In: Studies in Numismatic Method presented to Philip Grierson. London 1983, S. 127–135; Ulrich Klein: Die Churer Münzprägung vom 8. bis zum Ende des 13. Jahrhunderts. In: Schweizerische Numismatische Rundschau 73 (1994), S. 111–182

23 Konrad Elmshäuser, Andreas Hedwig: Studien zum Polyptychon von Saint-Germain-des-Prés. Köln–Weimar–Wien 1993, S. 358 ff.

24 Vgl. die bemerkenswerte Fußnote, die Montesquieu in seinem «L'esprit des lois» (Erstdruck 1748) im 31. Buch, 18. Kapitel, das von Karl dem Großen handelt, dem «Capitulare de villis» zuteil werden lässt: «Voyez tout ce capitulaire qui est un chef-d'œuvre de prudence, de bonne administration et d'économie.» Classiques Larousse. Choix de textes. Paris 1995, S. 218 Anm. 1

25 Dieter Hägermann: Dagulf-Psalter, wie Anm. 15

26 Werner Jacobsen: Gab es die karolingische Renaissance in der Baukunst? In: Zeitschrift für Kunstgeschichte 51 (1988), S. 313–347

27 Paolo Biscottini: La basilica di San Lorenzo Magno. Mailand 2000, S. 61 ff. (Capella di Sant'Aquilino)

28 Sven Schütte: Überlegungen zu den architektonischen Vorbildern der Pfalzen Ingelheim und Aachen. In: Krönungen, wie Anm. 14, S. 203–211

29 So der Titel der Übersetzung des Buches von Robert Bartlett, dessen Originaltitel weniger akzentuiert lautet: The Making of Europe. Conquest, Colonization and Cultural Change. 950–1350. Princeton, N.Y. 1993

30 Kathleen Daly: A rare Iconographic Theme in a Bodleian Library Manuscript. An Illustration of the Reditus regni ad stirpem Karoli Magni in Ms. Bodley 968. In: The Bodleian Library Record 11 (1982–85), S. 371–381

31 Claude Schaefer: Jean Fouquet. An der Schwelle der Renaissance. Basel 1994, S. 293 Spalte 1. Armreliquiar und Kopfreliquiar gehören heute zu den Zimelien des Aachener Domschatzes.

Zeittafel

748 2. April: Geburt Karls des Großen
751 Übernahme der Königswürde der Franken durch Pippin den Jüngeren. Geburt von Karls Bruder Karlmann
754 Vertrag von Quierzy (Pippin'sche Schenkung). Königssalbung von Pippin, Karl und Karlmann durch Papst Stephan II. in St. Denis
768 (vor?) Heirat Karls mit Himiltrud. 9. Oktober: Herrschaftsantritt von Karl in Noyon und Karlmann in Soissons
768/69 Geburt Pippins des Buckligen. Niederschlagung von Aufständen in Aquitanien durch Karl
770 Heirat Karls mit einer Tochter des Langobardenkönigs Desiderius (771 verstoßen)
771 Heirat Karls mit Hildegard. 4. Dezember: Tod Karlmanns
772 Eroberung der Eresburg; Zerstörung der Irminsul
773/74 Erster Romzug Karls, Eroberung Pavias und Übernahme der langobardischen Königswürde
777 Reichsversammlung in Paderborn
778 Spanienfeldzug und, am 15. August, Niederlage bei Roncesvalles. Aufstand in Sachsen
779 Kapitular von Herstal
780 Reichsversammlung in Lippspringe
781 Zweiter Romzug Karls. Salbung Pippins zum König von Italien und Ludwigs zum König von Aquitanien durch Papst Hadrian I. in Rom
782 Aufbau der fränkischen Grafschaftsverfassung in Sachsen; Verkündung des Besatzungsrechtes, fränkische Niederlage am Süntel und Strafgericht von Verden
783 30. April: Tod Hildegards. Sommer: Heirat Karls mit Fastrada
785 Taufe Widukinds in Attigny
786 Aufstand des Grafen Hardrad
787 Dritter Romzug Karls; Karl in Monte Cassino und Capua. (Zweites) Konzil von Nicaea
788 Sturz und Verurteilung Herzog Tassilos von Bayern
789 «Admonitio generalis»
791 Karls Zug gegen die Awaren
792/93 Aufstände in Sachsen, Benevent und Spanien. Missernten und Hungersnöte. Verschwörung Pippins des Buckligen.
793 Arbeiten an einem Rhein-Main-Donau-Kanal
794 Konzil von Frankfurt. 10. August: Tod Fastradas
795 Sieg über die Awaren, Eroberung des «Rings». 25. Dezember: Tod Papst Hadrians I. 27. Dezember: Erhebung Papst Leos III.
797 «Capitulare Saxonicum». Alleinherrschaft der Irene in Byzanz
799 25. April: Attentat auf Papst Leo III. Sommer: Heirat Karls mit Liutgard. Besuch Leos III. in Paderborn. 29. November: Rückkehr des Papstes nach Rom
800 4. Juni: Tod Liutgards. Ende November: Ankunft Karls in Rom. 23. Dezember: Reinigungseid Leos III. 25. Dezember: Kaiserkrönung in St. Peter und Königssalbung Karls des Jüngeren durch Papst Leo III.
800 (nach) «Capitulare de villis»
802 Programmatisches Kapitular. Sturz und Tod der Kaiserin Irene
803 Jahresende: Besuch Papst Leos III. in Aachen
804 Tod Alkuins in Tours
806 «Divisio regnorum» (politisches Testament)
809 «Konzil» von Aachen

810 8. Juli: Tod König Pippins von Italien

811 Tod Pippins des Buckligen als Mönch in Prüm. Januar: «Privates» Testament Karls. 4. Dezember: Tod König Karls des Jüngeren

812 Frieden mit Byzanz. Bestellung Bernhards zum König von Italien

813 Krönung Ludwigs des Frommen zum Mitkaiser in Aachen

814 28. Januar: Tod Karls des Großen und Beisetzung im Atrium der Aachener Marienkirche am selben Tag

Das Itinerar Karls des Großen
(nach Adolf Gauert)
Nordsee
Atlantischer Ozean
Mittelmeer
Nimwegen
Lippeham
Gent
Boulogne
St. Omer
Düren
Valençiennes
St. Riquier
Orville
Lüttich
Herstal
Aache
Seilles
Godinne
Quierzy
Rouen
Noyon
Samoussy
Corbeny
Longlier
Compiègne
Verberie
Soissons
Douzy
Attigny
Diedenhof
Seine
St. Denis
Ver
Reims
Chelles
Verzenay
Blanzée
Metz
Loire
Orléans
Gondrevi
Tours
Auxerre
Brum
Champ-le-Duc
Remiremont
Moncontour
Chasseneuil
Mornac
Angeac
Angoulême
Fronsac
Genf
Gr. St. Bernhard
Mt. Cenis
Pamplona
Roncesvalles
Saragossa
Ebro

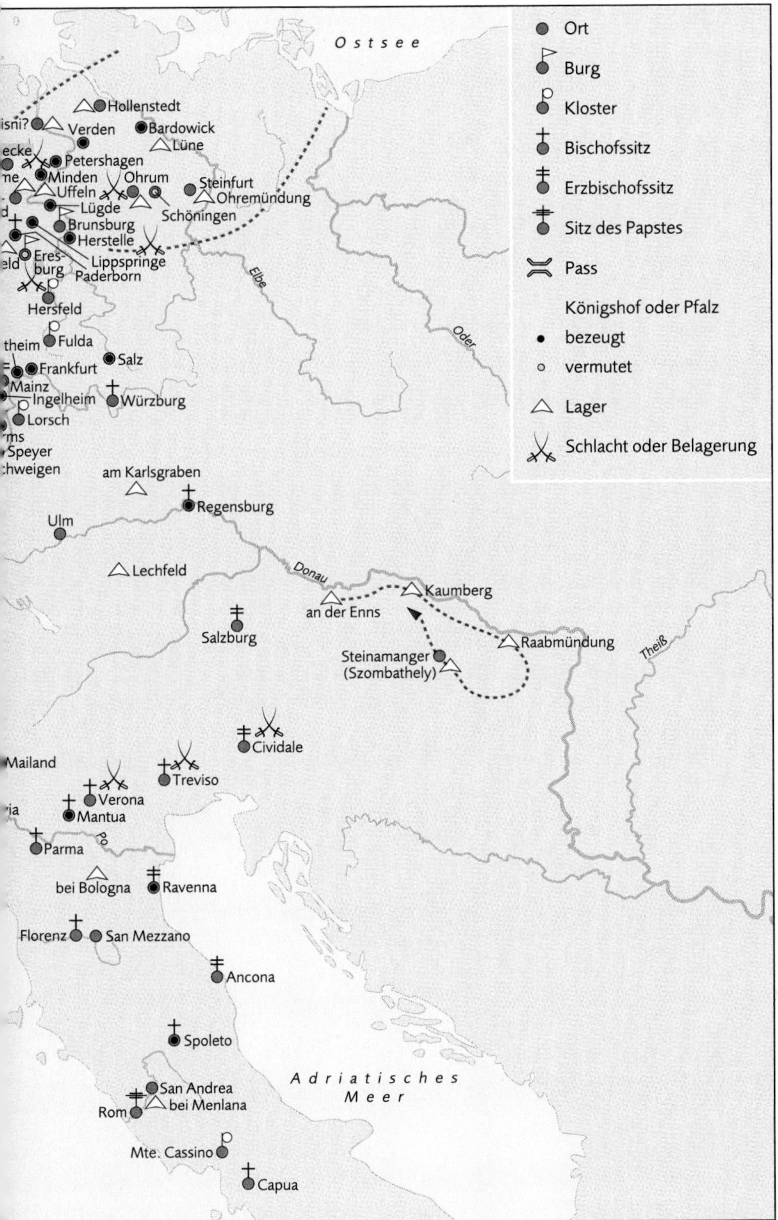
Ostsee
Ort
Burg
Kloster
Bischofssitz
Erzbischofssitz
Sitz des Papstes
Pass
Königshof oder Pfalz
bezeugt
vermutet
Lager
Schlacht oder Belagerung
Hollenstedt
Verden
Bardowick
Lüne
Petershagen
Minden
Ohrum
Uffeln
Lügde
Steinfurt
Ohremündung
Schöningen
Brunsburg
Herstelle
Eresburg
Lippspringe
Paderborn
Hersfeld
Fulda
Salz
Frankfurt
Mainz
Ingelheim
Würzburg
Lorsch
Speyer
Elbe
Oder
am Karlsgraben
Regensburg
Ulm
Lechfeld
Donau
an der Enns
Kaumberg
Salzburg
Raabmündung
Steinamanger
(Szombathely)
Theiß
Cividale
Mailand
Treviso
Verona
Mantua
Po
Parma
bei Bologna
Ravenna
Florenz
San Mezzano
Ancona
Spoleto
Adriatisches
Meer
San Andrea
bei Menlana
Rom
Mte. Cassino
Capua

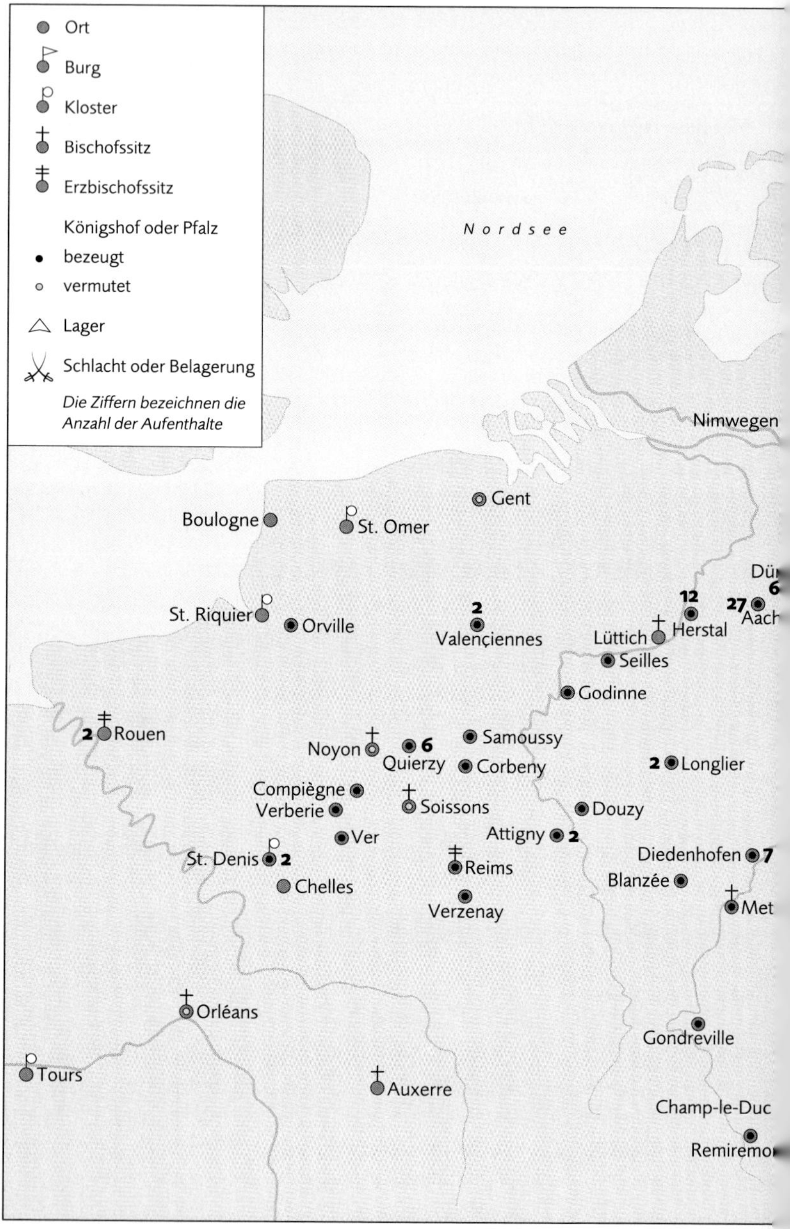
Ort
Burg
Kloster
Bischofssitz
Erzbischofssitz
Königshof oder Pfalz
bezeugt
vermutet
Lager
Schlacht oder Belagerung
Die Ziffern bezeichnen die Anzahl der Aufenthalte
Nordsee
Nimwegen
Gent
Boulogne
St. Omer
St. Riquier
Orville
2
Valençiennes
12
Herstal
27
Lüttich
Seilles
Godinne
2 Rouen
Noyon
6
Quierzy
Samoussy
Corbeny
2 Longlier
Compiègne
Verberie
Soissons
Douzy
Ver
Attigny 2
Diedenhofen 7
St. Denis 2
Reims
Blanzée
Chelles
Verzenay
Orléans
Gondreville
Tours
Auxerre
Champ-le-Duc

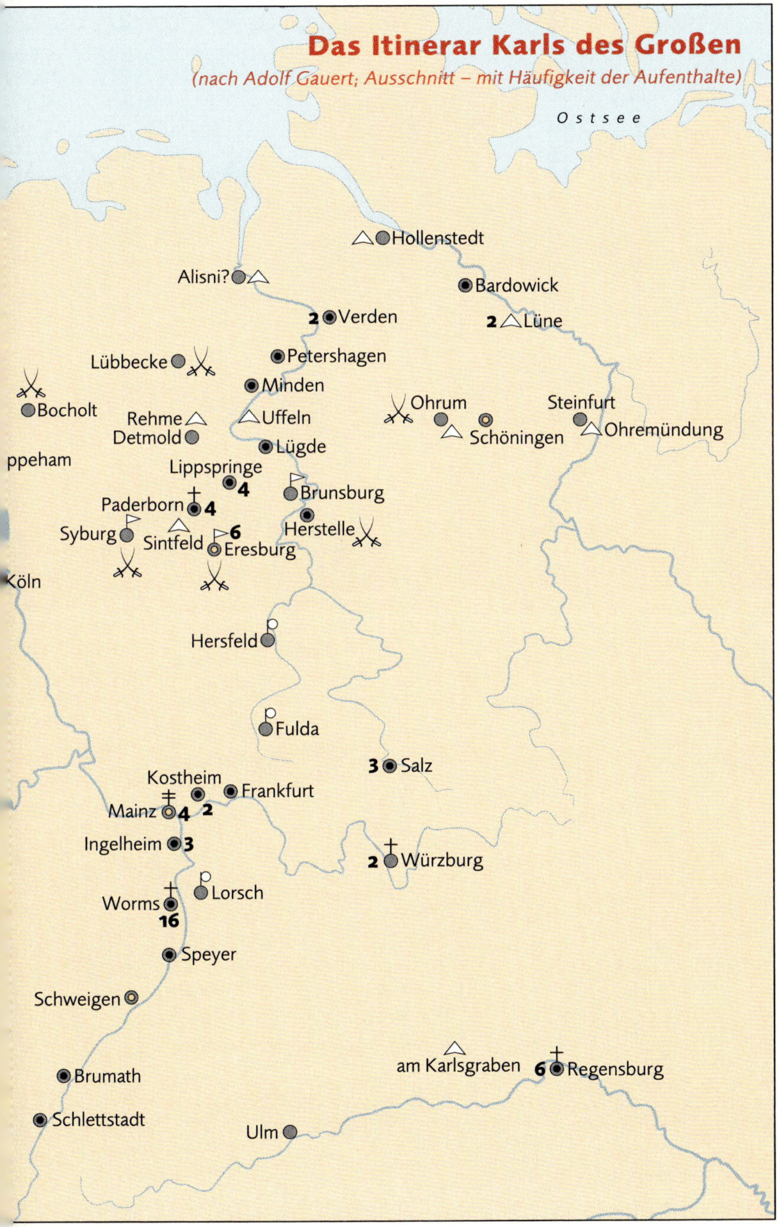
Das Itinerar Karls des Großen
(nach Adolf Gauert; Ausschnitt – mit Häufigkeit der Aufenthalte)
Ostsee
Hollenstedt
Alisni?
Bardowick
2 Verden
2 Lüne
Lübbecke
Petershagen
Minden
Bocholt
Rehme
Uffeln
Ohrum
Steinfurt
Ohremündung
Detmold
Lügde
Schöningen
ppeham
Lippspringe
4
Brunsburg
Paderborn 4
Herstelle
Syburg
Sintfeld
6
Eresburg
Köln
Hersfeld
Fulda
3 Salz
Kostheim
Frankfurt
Mainz 4
2
Ingelheim 3
2 Würzburg
Lorsch
Worms
16
Speyer
Schweigen
am Karlsgraben
6 Regensburg
Brumath
Schlettstadt
Ulm

Stammtafel

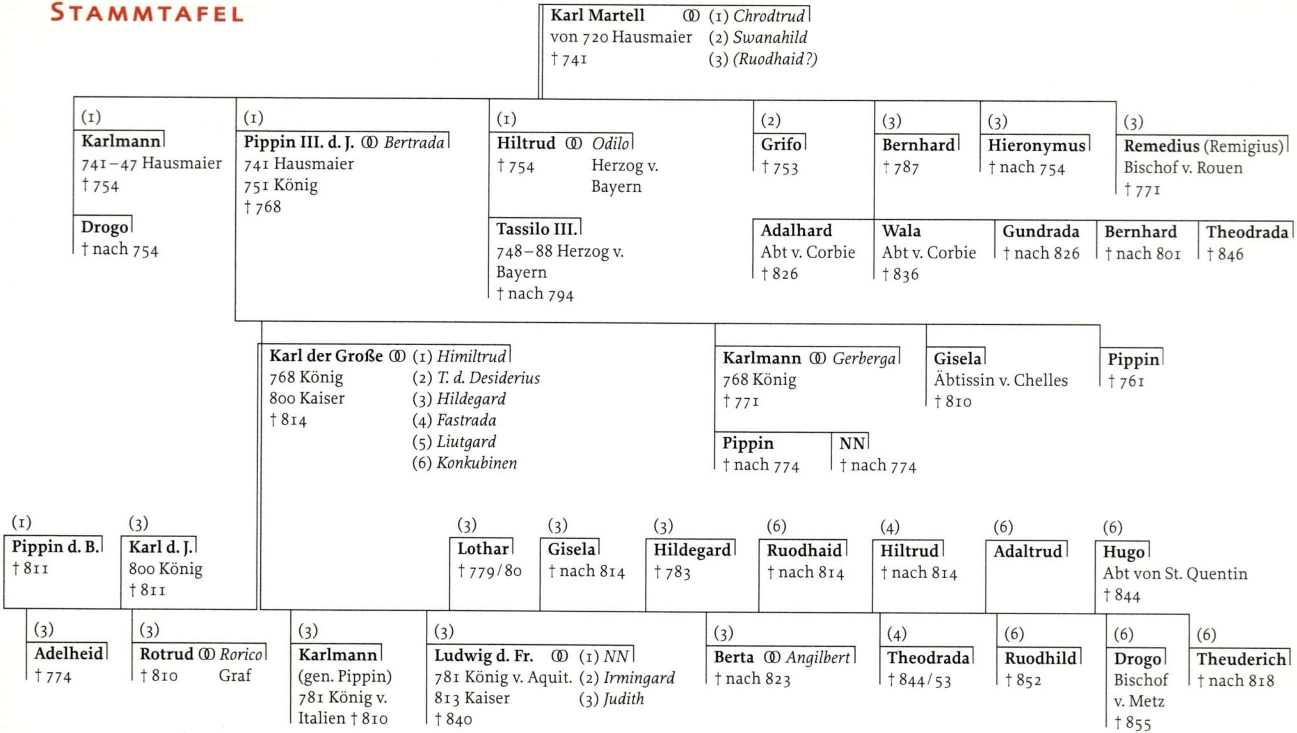
Karl Martell ⚭ (1) Chrodtrud
von 720 Hausmaier (2) Swanahild
† 741 (3) (Ruodhaid?)
(1) Karlmann
741–47 Hausmaier
† 754
Drogo
† nach 754
(1) Pippin III. d. J. ⚭ Bertrada
741 Hausmaier
751 König
† 768
(1) Hiltrud ⚭ Odilo
† 754 Herzog v. Bayern
Tassilo III.
748–88 Herzog v. Bayern
† nach 794
(2) Grifo
† 753
(3) Bernhard
† 787
(3) Hieronymus
† nach 754
(3) Remedius (Remigius)
Bischof v. Rouen
† 771
Adalhard
Abt v. Corbie
† 826
Wala
Abt v. Corbie
† 836
Gundrada
† nach 826
Bernhard
† nach 801
Theodrada
† 846
Karl der Große ⚭ (1) Himiltrud
768 König (2) T. d. Desiderius
800 Kaiser (3) Hildegard
† 814 (4) Fastrada
(5) Liutgard
(6) Konkubinen
Karlmann ⚭ Gerberga
768 König
† 771
Pippin
† nach 774
NN
† nach 774
Gisela
Äbtissin v. Chelles
† 810
Pippin
† 761
(1) Pippin d. B.
† 811
(3) Karl d. J.
800 König
† 811
(3) Adelheid
† 774
(3) Rotrud ⚭ Rorico
† 810 Graf
(3) Karlmann
(gen. Pippin)
781 König v.
Italien † 810
(3) Lothar
† 779/80
(3) Gisela
† nach 814
(3) Hildegard
† 783
(3) Ludwig d. Fr. ⚭ (1) NN
781 König v. Aquit. (2) Irmingard
813 Kaiser (3) Judith
† 840
(6) Ruodhaid
† nach 814
(3) Berta ⚭ Angilbert
† nach 823
(4) Hiltrud
† nach 814
(4) Theodrada
† 844/53
(6) Adaltrud
(6) Ruodhild
† 852
(6) Hugo
Abt von St. Quentin
† 844
(6) Drogo
Bischof
v. Metz
† 855
(6) Theuderich
† nach 818

Zeugnisse

Mit Ausnahme des Urteils von Montesquieu geben wir ausschließlich poetische Zeugnisse und einschlägige Urteile des 8. und des 9. Jahrhunderts wieder, die bereits die frühe Verklärung der Persönlichkeit des Frankenherrschers anzeigen.

Alkuin

Es kamen die höchsten Würdenträger Eurer Gnade vom Hofe,
o Gottgeliebter, o David, zu Flaccus [Horaz = Alkuin] und trugen zu uns Eure frommen Gaben des Heils, das der allmächtige Gott, wie ich wünsche, erhöhen möge.
Du bist der Ruhm, die Hoffnung für die Deinen, Du bist die Freude Deines ganzes Reiches, Du Zierde der Kirche, ihr Lenker, Beschützer und Liebhaber.
Carmina, 796? MGH Poetae 1, S. 245 Nr. XXVI

Hibernicus Exul

Aufschrift des Karlsgrabes

Seitdem der herrliche Himmelssohn, geboren von der Jungfrau,
für die Sünde der Welt die geeignete Gestalt angenommen hatte,
eilte schon das 14. Jahr nach 800 dahin,
in welchem Karl, der Stolz des Frankenvolkes, die Gunst erwarb,
die tosenden Meere der im Wogenschwall brausenden Zeitlichkeit
zu durchmessen und einen ruhigen Hafen zu erreichen.
Es verflog schon nach achthundert Jahren das vierzehnte Jahr,
in dem Karl, der Ruhmesstern des fränkischen Volkes, es verdiente,
die tosenden Meeresflächen des von Wellen bewegten himmlischen Zeitalters zu überfahren
und den ruhigen Hafen zu erreichen.
Dieser, der über 46 Jahre glücklich
das Szepter des Reiches hielt,
und als König dem Königreich Königreiche hinzugewann, wanderte
am 28. Januar als der Greis, der 70 Jahre beendet hatte, aus dem Erdenkreis.
Deswegen fordere ich Dich, o Leser, auf, der Du diese Epigrammverse liest und Dich Bitten als zugänglich erweist, zu sagen: «Möge die Seele Karls die gestirnte Himmelsburg bewohnen!»
Carmina, 814, MGH Poetae 1, S. 407 Nr. XIX

Paderborner Epos

Nun treibt er [der Wind] mich an, ausgreifenden Schrittes zur Höhe zu eilen, wo Europas ragender Leuchtturm hell erblinkt: wo König Karl seinen mächtigen Namen bis an die Sterne verbreitet.
Die Sonne leuchtet mit ihren Strahlen: so erhellt David mit dem starken Licht seiner Huld die Erde. (V. 12–16)
Der höchste unter den Königen ist auch der größte Weise auf Erden und ein wortgewaltiger Redner. Denn seine Aussprüche übertreffen die herrlichen Worte des trefflichen Cato, seine Reden stellen an Wohlklang die eines Cicero in Schatten, und selbst der sprachgewaltige Homer verblaßt vor seinen Worten. Auch in der Kunst der Dialektik überragt König Karl die alten Meister. (V. 70–77)
Auch ich fühle mich überwältigt durch die Taten, die der gerechte König vollbracht hat, das Haupt der Welt, der Liebling, die Zier seines Volkes, der verehrungswürdige Gipfel Europas, der gütige Vater, der Held, der Erhabene. Er ist auch Herr einer Stadt [Aachen], wo sich ein zweites Rom in neuer Blüte mit großer, gewaltiger Masse zum Him-

mel erhebt, mit hohen Kuppelbauten bis an die Sterne reicht.
(V. 92–96)
De Karolo rege et Leone papa, 800–804. Hg. und übersetzt von Franz Brunhölzl, Paderborn 1966

Einhart

So groß sich nun auch Karl in Erweiterung des Reiches und in der Unterwerfung fremder Völker erwies und davon ständig in Anspruch genommen war, so unternahm er daneben doch noch an verschiedenen Orten sehr viele Bauten zum Schmuck und Nutzen des Reiches und vollendete auch manche. (Kap. 17)
Reich und überströmend floß ihm die Rede vom Munde; und was er wollte, konnte er leicht und klar ausdrücken. Es genügte ihm jedoch nicht seine Muttersprache, sondern er widmete sich auch der Erlernung fremder Sprachen: so brachte er es im Latein so weit, dass er es wie seine Muttersprache redete, das Griechische aber konnte er besser verstehen als selber sprechen. Er war so beredt, dass er sogar als geschwätzig erscheinen konnte. Die Sieben Freien Künste pflegte er mit großer Liebe, ihre Lehrer schätzte er ungemein und erwies ihnen hohe Ehren.
(Kap. 25)
Hier [im Atrium der Aachener Marienkirche] wurde er noch an seinem Todestag beigesetzt und ein vergoldeter Bogen mit einem Bild und einer Inschrift über dem Grab errichtet. Darauf stand folgendes: «Unter diesem Bauwerk ruht Karl, der große und rechtgläubige Kaiser, der das Reich der Franken ruhmreich vergrößert und siebenundvierzig Jahre lang erfolgreich regiert hat. Er starb als Siebziger, in der siebten Indiktion, am 28. Januar im Jahre des Herrn 814.» (Kap. 31)
Leben Karls des Großen, 825–829, Quellen 1, S. 164ff.

Nithard

Als Karl seligen Angedenkens, von allen Völkern verdientermaßen als großer Kaiser genannt, im hohen Alter um die dritte Stunde des Tages starb, hinterließ er ganz Europa erfüllt mit allem Guten; denn er war ein Mann, welcher in jeder Art von Weisheit und Tugend die Menschen seiner Zeit so überragte, dass er allen Bewohnern der Erde furchtbar, der Liebe und zugleich der Bewunderung wert erschien, und so machte er seine Regierung, wie allen deutlich erkennbar wurde, in jeder Weise ehrenvoll und segensreich. Das aber meine ich verdient vor allem Bewunderung, dass er – ein Werk, welches selbst Rom nicht zu vollbringen vermochte – die wilden und eisernen Herzen der Franken und Barbaren, er allein, durch gemäßigten Schrecken so bändigte, dass sie offen in seinen Reichen nichts zu unternehmen wagten, als was mit dem allgemeinen Wohl und Besten sich vertrug. Er regierte glücklich als König zweiunddreißig Jahre und führte das Steuer des Kaiserreiches ebenfalls mit Erfolg vierzehn Jahre. (Buch 1, Kap. 1)
Vier Bücher Geschichten, 841–843, Quellen 1, S. 386f.

Notker von St. Gallen

Nun sah der ruhmreiche Karl, dass in seinem ganzen Reiche die Wissenschaften blühten, aber sie erreichten nicht die Höhe der früheren Kirchenväter, und das tat ihm weh und bereitete ihm übermenschlichen Kummer. Da brach er voll Unmut in die Worte aus: «Hätte ich doch ein Dutzend Geistliche dieser Art, so gelehrt und so vollkommen in der Weisheit wie es Hieronymus und Augustinus waren!» Darauf erwiderte der gelehrte Albinus [Alkuin], der sich im Vergleich mit diesen mit Recht für sehr ungelehrt hielt, mit einem Mut, den kein anderer Sterblicher vor den Augen des schrecklichen Karl gehabt

hätte, erfaßt von äußerstem Unwillen, den er aber so gut wie nicht blicken ließ: «Der Schöpfer des Himmels und der Erde hatte nicht mehr ihresgleichen und Du willst ein Dutzend haben!» (Buch 1, Kap. 9)
Taten Karls, wohl 887, Quellen 3, S. 322ff.

Montesquieu

Karl der Große gedachte die Macht des Adels in ihren Grenzen zu halten und die Unterdrückung der Geistlichkeit und der freien Männer zu unterbinden. Er stimmte innerhalb des Staates die Stände so aufeinander ab, dass sie sich das Gleichgewicht hielten und er der Herr blieb. Das Ganze wurde durch die Stärke seines Genies geeint. Den Adel schickte er von einem Feldzug in den anderen. Er ließ ihm keine Freizeit zum Aushecken von Plänen, sondern beschäftigte ihn mit der Durchführung seiner eigenen. Das Reich wurde durch die Größe seines Oberhauptes zusammengehalten. Groß war er als Herrscher, größer noch als Mensch. Seine Kinder waren als Könige seine höchsten Untergebenen, die Instrumente seiner Machtausübung, die Vorbilder im Gehorsam. Er traf bewundernswerte Verwaltungsbestimmungen, und mehr noch: er sorgte dafür, dass sie ausgeführt wurden. Sein Genie strahlte bis in den letzten Winkel seines Reiches. In den Gesetzen dieses Herrschers ist eine Voraussicht am Werke, die alles versteht, und eine gewisse Kraft, die alles mitreißt. [...] Allenthalben erhoben sich immer aufs neue Schwierigkeiten, und allenthalben beendigte er sie. Kein Herrscher bot besser den Gefahren die Stirn, kein Herrscher wich ihnen besser aus. [...] Dieser übermächtige Herrscher war äußerst maßvoll; sein Charakter mild, seine Lebensart schlicht. Er liebte das Zusammenleben mit den Leuten seines Hofes. Vielleicht war er zu empfänglich für die Reize der Frauen, aber ein Herrscher, der sein Leben lang selbst regierte und sein Leben in Mühe und Arbeit verbrachte, mag mehr Nachsicht verdienen. In seinen Ausgaben hielt er bewundernswerte Ordnung: er erhöhte den Wert seiner Domänen mit Weisheit, Aufmerksamkeit und Sparsamkeit. Ein Familienvater hätte aus seinen Gesetzen lernen können, wie er sein Haus verwalten soll.
Vom Geist der Gesetze (1748). Ausgewählt und übersetzt von Kurt Weigand, Stuttgart 1994, 31. Buch, Kapitel 18, S. 423f.

Bibliographie

1. Quellen und Literatur

Quellen zur Geschichte Karls des Großen und seiner Zeit finden sich in der Sammlung der «Monumenta Germaniae Historica» gedruckt. Hervorzuheben sind insbesondere: MGH Capitularia regum Francorum, ed. Alfred Boretius, Bd. 1, 1883 (Erlasse, zitiert Cap. 1) und MGH Epistolae tomus III und IV, ed. Ernst Dümmler, 1892 und 1895 (Briefe, zitiert Epp. III und IV).

Ferner das «Papstbuch», der «Liber Pontificalis», hg. von Louis Duchesne (Le Liber Pontificalis, 2 Bde. Paris 1880–92) sowie die Chronik des Theophanes, in englischer Übersetzung hg. von Cyril Mango und Roger Scott (The Chronicle of Theophanes Confessor. Oxford 1997)

Eine fundierte zweisprachige (lateinisch-deutsche) Auswahl der wichtigsten erzählenden Quellen findet sich in der Freiherr-vom-Stein-Gedächtnisausgabe, hg. von Reinhold Rau: Quellen zur karolingischen Reichsgeschichte, 3 Bde. Darmstadt 1955–60 (zitiert: Quellen).

Wichtige Einzelausgabe von Einharts «Vita Karoli» («Das Leben Karls») (zitiert E. Kap.): Eginhard, Vie de Charlemagne. Ed. et trad. par Louis Halphen, Paris, 6. Aufl. 1994; Die Kaiserviten von Sueton in der Kleinen Teubner-Ausgabe, hg. von Maximilian Ihm, Stuttgart 1993

Zur Quellenkunde vgl. Wilhelm Wattenbach, Wilhelm Levison und Heinz Löwe: Deutschlands Geschichtsquellen im Mittelalter. Vorzeit und Karolinger. II. Heft: Die Karolinger vom Anfang des 8. Jahrhunderts bis zum Tode Karls des Großen. Weimar 1953

2. Kataloge

Bertelli, Carlo, und Pietro Brogiolo: Il futuro dei Langobardi. L'Italia e la costruzione dell'Europa di Carlo Magno. Mailand 2000

Carlo Magno a Roma. Hg. vom Pontificio Comitato di Scienze Storiche. Rom 2001

Catalunia en la época carolingia. Arte y cultura antes del romanico (siglos IX y X). Barcelona 1999

Dreßen, Wolfgang, Georg Minkenberg und Adam C. Oellers: Ex Oriente. Zur Geschichte und Gegenwart christlicher, jüdischer und muslimischer Kulturen. 3 Bde. Aachen 2003

Fried, Johannes (Hg.): Karl der Große in Frankfurt am Main: Ein König bei der Arbeit. Sigmaringen 1994

Karl der Große. Werk und Wirkung. Aachen 1965

Stiegemann, Christoph, und Matthias Wemhoff (Hg): 799 – Kunst und Kultur in der Karolingerzeit. Karl der Große und Papst Leo III. in Paderborn. 3 Bde. Mainz 1999

3. Das Zeitalter Karls des Großen

Braunfels, Wolfgang, Helmut Beumann, Hermann Schnitzler und Bernhard Bischoff: Karl der Große. Lebenswerk und Nachleben. 4 Bde. Düsseldorf 1965

Fichtenau, Heinrich: Das karolingische Imperium. Soziale und geistige Problematik eines Großreiches. Zürich 1949

Ganshof, François Louis: The Carolingians and the Frankish Monarchy. Studies in Carolingian History, hg. und übers. von Janet Sondheimer. London 1971

McKitterick, Rosamond: The Frankish Kingdom under the Carolingians 751–987. London–New York [4]1992

Pirenne, Henri: Mahomet und Karl der Große. Untergang der Antike am Mittelmeer und Aufstieg des germanischen Mittelalters. Frankfurt a. M. 1963 (franz. Erstausgabe: Mahomet et Charlemagne. 1936)
Prinz, Friedrich: Von Konstantin zu Karl dem Großen. Entfaltung und Wandel Europas. Düsseldorf und Zürich 2000
Riché, Pierre: Die Karolinger. Eine Familie formt Europa. Stuttgart ³1995
–: Die Welt der Karolinger. Stuttgart ²1999
Schieffer, Rudolf: Die Karolinger. Stuttgart ³2000
Schneider, Reinhard: Das Frankenreich (Oldenbourg-Grundriß der Geschichte. Bd. 5). München ³1995

4. Biographien (Monographien)

Abel, Sigurd, und Bernhard von Simson: Jahrbücher des deutschen Reiches unter Karl dem Großen. 2 Bde. Berlin 1883 (1. Bd.) und der 1. Bd. zugleich in 2. Aufl. 1888
Barbero, Alessandro: Carlo Magno. Un padre dell'Europa. Bari 2000
Barth, Reinhard: Taschenlexikon Karl der Große. München 2000
Becher, Matthias: Karl der Große. München 1999
Bullough, Donald: Karl der Große und seine Zeit. Wiesbaden ²1978
Collins, Roger: Charlemagne. Basingstoke 1998
Favier, Jean: Charlemagne. Paris 1999
Fleckenstein, Josef: Karl der Große. 3. überarbeitete Aufl. Göttingen 1990
Hägermann, Dieter: Karl der Große. Herrscher des Abendlandes. Biographie. Berlin – München ³2001

5. Politische Spezialfragen

Becher, Matthias: Eid und Herrschaft. Untersuchungen zum Herrscherethos Karls des Großen. Sigmaringen 1993
Classen, Peter: Karl der Große, das Papsttum und Byzanz. Erweiterte Sonderausgabe nach dem Handexemplar des Verfassers, hg. von Horst Fuhrmann und Claudia Märtl. Sigmaringen 1988
Godman, Peter (Hg.): Am Vorabend der Kaiserkrönung. Das Epos «Karolus Magnus et Leo papa» und der Papstbesuch in Paderborn 799. Berlin 2002
Kasten, Brigitte: Königssöhne und Königsherrschaft. Untersuchungen zur Teilhabe am Reich in der Merowinger- und Karolingerzeit. Hannover 1997
Konecny, Silvia: Die Frauen des karolingischen Königshauses. Die politische Bedeutung der Ehe und die Stellung der Frau in der fränkischen Herrscherfamilie vom 7. bis 10. Jahrhundert. Wien 1976
Mordek, Hubert: Studien zur fränkischen Herrschergesetzgebung. Frankfurt a. M. 2000
Pohl, Walter: Die Awaren. Ein Steppenvolk in Mitteleuropa 567 – 822 n. Chr. München 1988
Schieffer, Rudolf (Hg.): Schriftkultur und Reichsverwaltung unter den Karolingern. Opladen 1996
Sierck, Michael: Festtag und Politik. Studien zur Tagewahl karolingischer Herrscher. Köln – Weimar – Wien 1995

6. Kirche und Papsttum

Berndt, Rainer (Hg.): Das Frankfurter Konzil von 794. Kristallisationspunkt karolingischer Kultur. 2 Bde. Mainz 1997
Hartmann, Wilfried: Die Synoden der Karolingerzeit im Frankenreich

und in Italien. Wien–Zürich 1989
Nagel, Helmut: Karl der Große und die theologischen Herausforderungen seiner Zeit. Frankfurt a. M. 1998
Noble, Thomas F. X.: The Republic of St. Peter. The Birth of the Papal State 680–825. Philadelphia 1984

7. Byzanz

Garland, Lynda: Byzantine Empresses. Women and power in Byzantium. A.D. 527–1204. London 1998
Lilie, Ralph-Johannes: Byzanz unter Eirene und Konstantin VI. (780–802). Frankfurt a. M. 1996
Ostrogorsky, Georg: Geschichte des byzantinischen Staates. München ³1965
Schreiner, Peter: Byzanz (Oldenbourg-Grundriß der Geschichte. Bd. 22). München ²1994

8. Orient (Bagdad und Jerusalem)

Carbonell, Eduard, und Roberto Cassanelli: Von Mohammed zu Karl dem Großen. Stuttgart 2001
Clot, André: Harun al Raschid. Kalif von Bagdad. Neuausgabe Düsseldorf und Zürich 2001
Krüger, Jürgen: Die Grabeskirche in Jerusalem. Regensburg 2000
Musca, Giosuè: Carlo Magno e Harun-al-Rashid. Seconda edizione reveduta. Bari 1996

9. Kultur, Wissenschaft, Kunst

Berschin, Walter: Biographie und Epochenstil im Mittelalter. Bd. 3: Karolingische Biographie 750–920. Stuttgart 1991
Bullough, Donald: Carolingian Renewal. Sources and Heritage. Manchester 1991
Godman, Peter: Poets and Emperors. Frankish politics and Carolingian poetry. Oxford 1987
Hentze, Wilhelm (Hg.): De Karolo rege et Leone papa. Der Bericht über die Zusammenkunft Karls des Großen mit Papst Leo III. in Paderborn in einem Epos für den Kaiser. Paderborn 1999
Hubert, Jean, Jean Porcher und Wolfgang Fritz Volbach (Hg.): Die Kunst der Karolinger. Von Karl dem Großen bis zum Ausgang des 9. Jahrhunderts. München 1969
Mütherich, Florentine, und Joachim E. Gaehde: Karolingische Buchmalerei. München ²1979
Patzelt, Erna: Die karolingische Renaissance. Graz ²1965
Pawelec, Katharina: Aachener Bronzegitter. Studien zur karolingischen Ornamentik um 800. Köln–Bonn 1990
Riché, Pierre: Écoles et enseignement dans le Haut Moyen Age: fin du Ve siècle – milieu du XIe siècle. Paris ²1989
Schaller, Dieter: Studien zur lateinischen Dichtung des Frühmittelalters. Stuttgart 1995
Schefers, Hermann (Hg.): Einhard. Studien zu Leben und Werk. Darmstadt 1997
Tischler, Matthias M.: Einharts Vita Karoli. Studien zur Entstehung, Überlieferung und Rezeption. 2 Bde. Hannover 2001

10. Recht – Wirtschaft – Technik – Kriegswesen

Bachrach, Bernard S.: Armies and Politics in the Early Medieval West. Aldershot 1993
Binding, Günther: Deutsche Königspfalzen von Karl dem Großen bis Friedrich II. Darmstadt 1996

Depeyrot, Georges: Le numéraire Carolingien. Corpus des monnaies. Wetteren – Paris ²1998
Devroey, Jean-Pierre: Études sur le grand domaine carolingien. Aldershot 1993
Fenske, Lutz (Hg.): Splendor palatii. Neue Forschungen zu Paderborn und anderen Pfalzen der Karolingerzeit. Göttingen 2001
Fois Ennas, Barbara: Il «capitulare de villis». Milano 1981
Hägermann, Dieter, und Helmuth Schneider: Propyläen Technikgeschichte. Hg. Wolfgang König. Bd. 1: Landbau und Handwerk 750 v. Chr. bis 1000 nach Chr. Berlin 1991
McCormick, Michael: Origins of the European Economy. Communications and Commerce A. D. 300 – 900. Cambridge 2002
Rösener, Werner (Hg.): Strukturen der Grundherrschaft im frühen Mittelalter. Göttingen ²1993
Verhulst, Adrian: The Carolingian Economy. Cambridge 2002

11. Nachleben

Butzer, Paul L., Max Kerner und Walter Oberschelp (Hg.): Karl der Große und sein Nachwirken. 1200 Jahre Kultur und Wissenschaft in Europa. 2 Bde. Turnhout 1997
Erkens, Franz-Reiner (Hg.): Karl der Große und das Erbe der Kulturen. (Akten des 8. Symposions des Mediävistenverbandes Leipzig 15. – 18. März 1999). Berlin 2001
Kerner, Max: Karl der Große – Persönlichkeit und Mythos, Köln – Wien 2000
Maurice, Jean: La Chanson de Roland. Paris 1992
Morrissey, Robert: L'Empereur à la barbe fleurie. Charlemagne dans la mythologie et l'histoire. Paris 1997
Saurma-Jeltsch, Lieselotte-E.: Karl der Große als vielberufener Vorfahr. Sein Bild in der Kunst der Fürsten, Kirchen und Städte. Sigmaringen 1994
Werner, Karl-Ferdinand: Karl der Große oder Charlemagne? München 1995

Namenregister

Die kursiv gesetzten Zahlen bezeichnen die Abbildungen.

Über den Autor

Dieter Hägermann, geb. 1939 in Kreuzburg O/S, 1967 Promotion über den Erzbischof Christian von Mainz als Reichslegaten Friedrich I. Barbarossas in Italien, 1973/74 Habilitation mit einer Studie über die Urkunden König Wilhelms von Holland. Seit 1973 Mitarbeiter der Monumenta Germaniae Historica München, seit 1976 Inhaber des Lehrstuhls für mittelalterliche Geschichte an der Universität Bremen. Mitherausgeber des Lexikons des Mittelalters. Zahlreiche Publikationen zu allen Epochen der mittelalterlichen Geschichte, insbesondere Editionen zur frühmittelalterlichen Grundherrschaft und zum hochmittelalterlichen Bergbau. Zu nennen sind der Halbband zur Propyläen Technikgeschichte I, hg. von W. König (1991), das Polyptychon von Saint-Germain-des-Prés (1994), die Biographie Karls des Großen (2000, in 3. Aufl. 2001) und zuletzt (als Herausgeber und Mitautor) «Das Mittelalter. Die Welt der Bauern, Bürger, Ritter und Mönche» (2001).

Zu danken habe ich dem Freund und Altphilologen Hermann Brünjes, der mich insbesondere bei der nicht leichten Übersetzung der Gedichte («Zeugnisse») erfolgreich unterstützt hat.

Quellennachweis der Abbildungen

Germanisches Nationalmuseum, Nürnberg: Umschlagvorderseite
© Photo RMN: 3 (Louvre), 126 (Louvre, Foto: M. Beck-Coppola)
Museum Burg Frankberg, Aachen: 6 (inv. SK. 881)
Aus: Hermannus a Nuenare (Hg.): Vita et gesta Karoli Magni per Eginhartum descripta. Apud inclytam Germaniae Coloniam 1521: 9 (Biblioteca Nacional, Madrid, Raros 11.415 [1])
Fotos: akg-images, Berlin: 14 (St. Paul im Lavanttal/Kärnten, Klosterbibliothek; Foto: Erich Lessing), 16 (Biblioteca Capitolare, Modena; Visioars), 18 (Palais du Tau, Reims; Foto: Erich Lessing), 55 (Stift Kremsmünster; Foto: Erich Lessing), 73 (Foto: Erich Lessing), 105, 129 (© Bibliothèque nationale de France, Paris: Ms. fr. 6465, fol. 96r; Visioars), 135 (Dom, Aachen), 139, Umschlagrückseite unten (Dom, Aachen)
Santa Giulia, Museo della città, Brescia: 27 (2) (Fotostudio Rapuzzi)
Aus: Archim Arbeiter: Alt-St. Peter in Geschichte und Wissenschaft. Berlin (Diss.) 1988: 32
Universitätsbibliothek Leiden: 36 (Ms. Periz. F 17, fol. 9r)
Bildarchiv Foto Marburg: 43
© Domarchiv Aachen: 45 (Foto: Ann Münchow), 130
© Centre des monuments nationaux, Paris: 48 (Foto: Jean Feuillie)
Bayerisches Landesamt für Denkmalpflege, Luftbildarchäologie: 61 (Foto: Klaus Leidorf)
Abtei St. Maurice d'Agaune, Kanton Wallis: 63 (Foto: Studio C. Kobler, Genf)
Kestner-Museum, Hannover: 65 (3927, fol. 1r), 82 (1927.50)
Aus: Jürgen Krüger: Die Grabeskirche zu Jerusalem. Geschichte – Gestalt – Bedeutung. Mit Fotos von Dinu Mendrea und Garo Nalbandian. Regensburg 2000: 68
Muzej hrvatskih arheoloških spomenika, Split: 71
© Bibliothèque nationale de France, Paris: 76 (MS Esp. 30), 95 (Ms. fr. 6465, fol. 89v), 125 (Nouv. acquisitions latines 1 203, fol. 3 v°)
Württembergische Landesbibliothek Stuttgart, Cod. bibl. 2° 23: 80 (fol. 163v), 118 (fol. 21v), 119 (fol. 124v)
Aus: Carlo Magno a Roma. Hg. vom Pontificio Comitato di Scienze Storiche. Rom 2001: 90
© Biblioteca Apostolica Vaticana, Vatikan: 92 (Ms. Vat. Lat. 5407, fol. 186)
Forschungsbibliothek Gotha: 91 (Ms. Memb. I 90, Fol. 76r)
The Brigdeman Art Library, London: 99 (Ms. 869/522, fol. 218v)
Aus: 799 – Kunst und Kultur der Karolingerzeit. Karl der Große und Papst Leo III. in Paderborn. Katalog hg. von Christoph Stiegemann und Matthias Wemhoff. Mainz 1999: 102
Aus: Konrad Elmshäuser (Hg.): Häfen Schiffe Wasserwege. Zur Schiffahrt des Mittelalters. In: Schriften des Deutschen Schiffahrtsmuseums (Bremerhaven), Bd. 58. Bremerhaven, Hamburg 2002: 113 (2)
Kunsthistorisches Museum, Wien: 132 (Krönungsevangeliar fol. 178v; SK XIII 18, Reichsevangeliar)
Bodleian Library, University of Oxford: 134 (Ms. Bodl. 968, fol. 185r)
Peter Palm, Berlin: 144/145, 146/147
© Landesamt für Denkmalpflege, Abt. Archäologische Denkmalpflege, Mainz: Umschlagrückseite oben

Trotz sorgfältiger Recherchen konnten nicht alle Rechteinhaber ermittelt werden. Der Verlag ist bereit, berechtigte Ansprüche in üblicher Weise abzugelten.